知乎
有问题 就会有答案

知乎
BOOK

我又说错话了?

走出困境，重新认识自己

曾宝仪——著

北京联合出版公司
Beijing United Publishing Co.,Ltd.

图书在版编目（CIP）数据

我又说错话了？：走出困境，重新认识自己 / 曾宝仪著 . — 北京：北京联合出版公司，2021.3
ISBN 978-7-5596-4899-0

Ⅰ . ①我… Ⅱ . ①曾… Ⅲ . ①语言艺术—通俗读物 Ⅳ . ① H019-49

中国版本图书馆 CIP 数据核字（2021）第 003239 号

This edition published by arrangement with Titan Publishing Co., Ltd. through Emily Publishing Company, Ltd.

我又说错话了？走出困境，重新认识自己

著　　者：曾宝仪
出 品 人：赵红仕
责任编辑：郭佳佳
特约监制：张　娴
策划编辑：雷清清
营销编辑：李　苗　李默晗
版权支持：黄　涛　黄锦雄
责任校对：于立滨　王苏苏
封面设计：弘果文化
内文排版：蚂蚁字坊

北京联合出版公司出版
（北京市西城区德外大街 83 号楼 9 层　100088）
北京联合天畅文化传播公司发行
三河市兴博印务有限公司印刷　新华书店经销
字数 138 千字　880 毫米 ×1230 毫米　1/32　6.5 印张
2021 年 3 月第 1 版　2021 年 3 月第 1 次印刷
ISBN 978-7-5596-4899-0
定价：58.00 元

版权所有，侵权必究
未经许可，不得以任何方式复制或抄袭本书部分或全部内容
本书若有质量问题，请与本公司图书销售中心联系调换。
电话：(010) 64258472-800

推荐1

心的感受，脑的输出，你的态度

/演艺界教母·最温暖的师父张小燕/

书上写：我是在宝仪二十五岁的时候签下她的。

我在这里声明一下，当时看上她的时候，真不知道她的爸爸是曾志伟。

而且我还以为她只有十九岁。

为什么会签下她呢？那时候她做幕后，长得清秀又灵气，有想法，有礼貌。相谈之后我感受到她对演艺圈充满热情、好奇跟想要努力的态度。从此以后，不管是唱歌出专辑、演戏当女主角、当主持人，没有一件事难得倒她。

宝仪进入这个圈子，真的不是靠爸族。

她进入我们公司，开始主持节目的时候，甚至把妈妈——"宝妈"，带进电视圈，跟她一起工作。

成名以后，宝仪才跟爸爸有了少许合作，在大陆发展时，两人还一起参加真人秀，更重要的是可以跟爸爸一起主持。宝仪会说普通话，会说广东话与一口流利的英语，所以在主持方面她比别人有更多的机会。

这几年弟弟也当了导演，一门三杰，这也是让宝仪常常觉得最骄傲的事情。

当宝仪拿着她这本书的书稿，请我写序的时候，我心里想：这个女孩真的是我当年想象的宝仪，对人生、对事物、对工作都有着过分认真的态度和要求。

我看完这本书，觉得她不只是在教你说话的方式，而且是在教你认识自己，了解自己。

当然，看了这本书，我也了解到宝仪在这几年中到底做了些什么。

她可是我认识的人当中，少数能一直追求心灵上的满足跟坚持自我反省的。

人家说："师父领进门，修行在个人。"

看完这本书，我只能对宝仪说：敬佩！敬佩！敬佩！（为什么要说三次？因为很厉害。）恭喜哦。

"说话"——从来都不是嘴巴的事情。

"说话"——就是心的感受、脑的输出，还有你的态度。

推荐2

自省倾听才能把话说好

/云门舞集创办人、艺术总监林怀民/

2018年,池上秋收稻穗艺术节十周年,云门应邀演出"松烟"。开演前,主持人曾宝仪站在舞者换装棚外的角落,秋风飒飒,她纹丝不动。

时间到了,她走上台,用闲话家常的口吻跟观众讲话,两千五百名观众霎时沉静下来。风吹着,稻穗沙沙作响,百余顷田园稻浪翻飞,远山飘着白云。宽大的舞台上,娇小的宝仪有如金庸小说里内功高强的女侠,没做什么大动作,时光却因她而停止流动。我满心敬佩,渴望窥探她的秘籍。

天从人愿,宝仪出版了这本书。

坊间有不少"说话的艺术"专书,教人演讲、报告、求职、促销、谈判的技术。宝仪的50堂课讨论如何表达、如何有效沟通。她从人性破题,第一章就说"跟别人沟通之前,先跟自己沟通",很有禅宗五祖"不识本心,学法无益"的意味。

当然，宝仪不谈佛学，不掉书袋。她以生活化的语言建议读者问问自己：什么事让自己快乐或不开心？鼓励读者跟自己沟通，"把心中无名的恐惧挖出来"，通过自我沟通，放下错误的理解与负面思考，因为"能跟自己成功沟通的人，才能跟他人沟通成功"。

宝仪没说这是容易的事。她坦诚分享生命中的恐惧、不安与挫折，靠不断练习才取得进步。

她坦承英文不好，长一点的词，往往要拆解音节，一节一节练习，最后才能掌握整个词的发音。她延请家教，每周上英文课。上了一年多，英文纪录片《明天之前》邀请她当主持人，她紧张得哭了。擦干眼泪时，她意识到对英文的恐惧来自高中一场失败的英文演讲。

宝仪决定面对挑战，用尽心力准备再准备。她远赴不同国家进行访问，顺利完成工作，甚至可以放下骄傲和面子，跟采访对象坦承自己英文不够好，必要时可以请她把话再说一遍。这是自信。拍完影集，宝仪走出了长达二十多年的说英文的恐惧。

50堂课，每堂短小精练，篇首都有重点提示，以及练习的memo（备忘录）。第10堂"别人的闪光点"谈到，不管身份如何，要把所有沟通对象视为一个"人"；找到别人的亮点，话题就可以源源不绝。这堂课的练习是："从观察开始；找到对方有兴趣的话题，打开对方聊天的兴趣。"第19堂课的练习是："试着反馈对方的正面能量；不带任何负面情绪离开。"

第 26 堂课"练习换位思考"提示读者用其他角度来看同一件事情，别自顾自地说话。她鼓励读者学习倾听，让对方感受到被关注，进一步把别人的经验化为自己的经验。而懂得聆听自己时，聆听他人的能力会大大增强。

宝仪认为，好的沟通是"言"加"成"：诚实与诚恳。她说，不要讲那些用头脑说的"套路"，要用"心"来说话。她告诫：沟通不是说教，不是说服，讲不通时，提醒自己"等一下"。

她鼓励：跟人沟通，说话要停顿，留白，让对方有机会反刍你说的话，也能重新唤起注意力，让能量能够流动；要练习不要把话说满，不要想用说话取悦别人；懂得跟自己相处，才懂得说话中停顿的珍贵。而且，有些时候，沉默的力量大过语言。

不停地说话，用意志力支撑，"把日子过成流水账"，只会换得疲累与虚脱。她说，成功来自不断地内省，来自静心。

然后，她说："沟通的初衷是爱。"

读到这里，我轻颤。宝仪主持节目，说话是她的工作，这本书不教人如何舌尖口快，而是轻松说故事，与大家分享她从工作的成败和生命的起落所提炼出来的智慧。这让读者很容易产生共鸣，转化运用，改善自己的处境。

这是一本有趣、好读而且非常有用的宝书，适合每个人收藏阅读。每天读一点，对自己是个好提醒，进而通过自省与练习——是的，要练习，练习爱自己，练习触动别人——提升自处与处世的能力。不同阶段的阅读会得到不同的灵感。我想,困顿的时候应该也能从中获取走出难关的启示。

我要买一百本送给云门的伙伴。

目录
Contents

Chapter 01
跟别人沟通之前，先跟自己沟通

第1堂　情绪 _002

第2堂　跟自己沟通 _006

第3堂　热情 _010

第4堂　聆听的能力① _013

第5堂　聆听的能力② _017

第6堂　阅读 _020

第7堂　说一个故事看看 _023

第8堂　不要忽略各种征兆（sign） _027

Chapter 02
说话与沟通是流动的飨宴

第 9 堂　画面很重要 _032

第 10 堂　别人的闪光点 _035

第 11 堂　开场白 _039

第 12 堂　听众的小火苗 _043

第 13 堂　调频有技巧 _046

第 14 堂　适当的空白与停顿①：无声胜有声 _050

第 15 堂　适当的空白与停顿②：让能量流动 _055

第 16 堂　调整好自己的 KEY _059

第 17 堂　临场状况 _062

第 18 堂　不可预期的疗愈时刻 _065

Chapter 03
话语的表面与背后各有意义

第 19 堂　正面力量 _070

第 20 堂　别人的想象 _073

第 21 堂　在同一个频率沟通 _076

第 22 堂　关键字延伸话题 _079

第 23 堂　灵活 _083

第 24 堂　示弱不是坏事 _086

第 25 堂　认清主角是谁 _089

第 26 堂　练习换位思考 _092

Chapter 04
维持沟通的初衷与开放性

第 27 堂　在言语中给人鼓励 _098
第 28 堂　思考说话的目的 _101
第 29 堂　维持沟通的开放性 _105
第 30 堂　沟通没有 SOP _108
第 31 堂　回到"我是谁？" _111
第 32 堂　沟通不是说服 _114
第 33 堂　当沟通变成吵架 _117

Chapter 05
沟通是不断变化的有机体

第 34 堂　沟通是有机体 _122

第 35 堂　一定要用说的吗？ _126

第 36 堂　细节 _129

第 37 堂　把五感打开 _132

第 38 堂　适时鼓励，连续沟通 _137

第 39 堂　没有解方，不要任意评断 _140

第 40 堂　不知道说什么，就先别说 _145

第 41 堂　不完美，也要往前走 _148

第 42 堂　沟通这一课，家人可以缺席吗？ _151

Chapter 06
说话与沟通的学习永无止境

第 43 堂　随时随地找机会 _156

第 44 堂　找朋友一起练习 _160

第 45 堂　从提问找答案 _163

第 46 堂　每个人都是学习的对象 _166

第 47 堂　从相声中学说话技巧 _169

第 48 堂　从脱口秀中学铺哏与幽默 _174

第 49 堂　多学一种语言 _178

第 50 堂　面对内心的恐惧，走上改变之路 _182

认识自己的奇幻旅程 _186

后记／世界上最好玩的地方——在自己的心里 _190

Chapter *01*

跟别人沟通之前，
先跟自己沟通

/ 走出困境，重新认识自己 /

第 1 堂　情绪

〔记下来〕

辨识自己的情绪，认识自己是说话与沟通的第一步

〔练习看看〕

1. 先问自己：什么事情会让你发自内心地感到快乐？
2. 再问自己：什么事情会让你不开心？

　　说话是人的本能，但"把话说好"以及"表达"与"沟通"，需要练习。

　　当我们进入一个陌生环境，例如入学、进入社会、进新公司、加入一个新团体……我们常常急着想表达自己，在说话之前，还没思考接下来说这段话的目的，话就冲出口了，结果往往会觉得自己说错话，在心中后悔不已：

　　"我讲了自以为好笑的事，但其他人不觉得好笑……"

　　"我刚才说了什么话，好丢脸啊……"

　　"刚刚我说的那段自我介绍，说的根本不是我自己啊……"

　　相信很多人有这样的经验吧。

　　你真的想让别人认识不是你的你吗？你只是想满足他人的期待吗？你是想让别人对你印象深刻，还是想让别人喜欢你甚至是讨

厌你？

许多人在表达或沟通前，从未先思考讲完这段话之后，自己到底想得到什么样的结果，因此常事与愿违，甚至感到后悔、内疚。

我给你的建议是：不要急着想表达自己。

在表达自己之前，要先充分认识自己。

年轻时，我们热衷的是探索外面的世界，往往忽略了探索自己究竟是什么样的人。事实上，不了解自己的人，通常也无法把话说好，在表达以及与他人沟通方面，也难以顺畅。甚至，总是让自己活在他人的眼光下，一点也开心不起来。

不了解自己的需求，如何能够把话说好，如何能够真实地表达自己？

因此，学习把话说好的第一步，是认识自己。

而认识自己可以从学会辨识自己的情绪开始。

你可以先问自己：什么事情会让你发自内心地感到快乐？

可能你会发现，去公园赏鸟会让你很快乐；或是看到一只飞舞的蝴蝶会让你很快乐；也许是看漫画这件事会让你很快乐；或者是亲手做了一个蛋糕，会带给自己大大的快乐；也可能是看到任何跟动物有关的影片都会令你很快乐……任何事物都有可能让你快乐，请试着去找到它。

接下来你可以再问自己：什么事情会让你不开心？

也许是某个人让你觉得很讨厌，因为这个人说话总是会踩到你的底线。反过来你可以问自己：为什么我会设立这个底线呢？

也有可能是当你在看某则电视新闻时，没看几秒钟你的眼泪就扑簌簌掉下来，这时候你可以问自己：为什么这则新闻会让我这么难过呢？

> 不要急着想表达自己。在表达自己之前，要先充分认识自己。

觉察自己的情绪，是了解自己很好的起点。

能触动你的事，一定与你有关，而那是什么？生活中一定有蛛丝马迹，一定有答案，你可以一一去把它们挖掘出来。

以我为例，"吃美食"这件事会让我很开心，那么我就可以从"美食"开始练习表达。

这个食物有多好吃？你会怎么形容它？

为什么同样的食物，A 餐厅比 B 餐厅做得好吃？

你是否可以说出 A 与 B 细微的差别在哪里？

你可以多热情地表达对这种食物的喜爱？

你能够让他人听了你的表达后感同身受吗？

用别人听得懂的方式表达，叙述时的用字越具体越好。例如弹牙、入口即化、咸香……听你描述的人，就能在自己的脑子里联想出食物的口感与味道。

又例如，只要是我喜欢的书、音乐、节目……不敢说千百种，但我至少能说出十种它有多好的理由，而且每种理由都诚恳得不得了，让每个听到的人都觉得：好像真的很不错哦，我也想来读读、来听听……

用自己喜欢的事物开始练习，最简单不过。

二十多年前开始演艺工作的我，有一段漫长的自我探索过程。

很多人从我的外表判断，误以为我很甜美，而那时候我总觉得那就符合他人的期待吧，这样最轻松。事实上，这令我十分不快乐。直到我懂得辨识自己的情绪与喜好，我才能不再错误地表达自己。

做回真正的我之后，与他人相处反而更自在，不快乐的情绪也随之烟消云散。

这便是认识自己带给我的美妙反馈。

第 2 堂　跟自己沟通

〔记下来〕

能够跟自己成功沟通的人，才能跟他人沟通成功。

〔练习看看〕

1. 你可以用跟自己沟通的方式，把心中无名的恐惧挖掘出来。
2. 放下错误的理解与负面思考。

为什么我们会想跟某个人沟通呢？通常是因为我们想和那个人建立关系。

当你没把自我建立完整时，往往也难以与他人建立关系。错误的沟通，就会让他人错误地对待你。

前一篇《情绪》我们谈到学习正确地表达自己，可以通过叙述自己喜欢的事物来练习。在懂得单向的表达后，我想进一步跟大家谈谈双向的沟通——能够跟自己成功沟通的人，才能跟他人沟通成功。

能成功与自己沟通，代表着能够更深入地了解自己，在不会错误解读自己的情况下，自然就不易错误解读他人，这跟沟通一样是双向的联结。

比如说，我热爱美食，我能用说话来表达我有多热爱美食，我们可以再进一步触类旁通、抽丝剥茧——深究自己热爱美食的原因，而不是只会形容有多好吃。

当我更深入探索自己为什么喜欢吃美食后，我发现原因原来是：我喜欢被认真对待的食物，以及认真做食物的人！

在眼前的美食背后，有食材来源地的土壤、阳光与雨水，有种植食材与养育牲畜的农人，有烹调的厨师，他们都将精神与能量注入到食物里，让它们成为一道道佳肴，而我吃下的便是这些人与大自然合作细节的总和。

从前的我不明白这些，只知道我将美食吃下肚之后心情会变好，现在我明白让我吃得很快乐真正的原因了——我真心感谢为美食付出的大自然与人们，这所有的一切，都令我感动莫名。

真的好吃的美食总能让我在心中展开画面。比方说我最近迷上食材产地直送的餐厅，若餐厅能在介绍或菜单里罗列肉类、蔬菜，甚至调味料的来源（能附上照片更佳），我便总能在一面感谢的时候，一面遥想这些食物到底是从哪片土地逐渐吸收了天地精华，被哪位农夫细心照护收获，然后成为进入我口中的食物，变成让我有活力的能量。这些细节不但让我的感恩更全面，也让进食这件事不只是喂饱肚子这么简单而已。

再用食物举例，我们并非总是吃到美食，有时候会吃到"地雷"，那么你想过它为什么难吃吗？是食材不好？是厨师烹调手法不好？还是餐厅环境不好，服务生态度不佳影响用餐心情？甚至可能是选错了跟自己吃饭的人？

其背后原因就跟人的情绪一样复杂。向内照见自己，变得更有自觉之后，就能明确地找到真相。

如果有一天，我遇见一个跟我一样对食物十分有热情的人，我一定能马上察觉到并且认同那个人的热情。

关于向内觉察与自己沟通这个面向，我可以再往下凿深来谈。

我从小是一个非常没有安全感的人，这也许可以归因于我单亲家庭、隔代教养的背景。

二十岁那年男友考上研究所，我的第一反应不是为他高兴，而是心想：他就要功成名就，就要把我丢下了。

三十岁时，我的两个弟弟跟我说："姐，我们晚上要出去玩。"我说："我也要去！"他们说："女生不准跟。"

那时我当场掉下眼泪，因为我觉得自己被丢下了。

到了四十岁时，我与男友的关系已经非常稳定，但他偶尔出去旅行或去外地开会，我一个人在家午夜梦回时，会想：他会不会回来之后就说要跟我分手？

此时我已经可以觉察到这个念头有点奇怪，它实在来得太莫名其妙了。但我这个时候已经有能力停下来问我自己：等一下，这个想法是从哪里来的？

我是在他身上看到其他女人的头发了吗？还是偷看到他手机里有跟其他女人传的讯息？如果都没有，那么这种心情是从哪里来的？

如果没有证据而只是空想，那么我就是被心中盘踞的回忆与情绪制约了。

我开始抽丝剥茧往回推，推到三十岁、推到二十岁……一路往回推到我更小的时候，我意识到，原来在我年纪很小时，奶奶有时候会无心地对我说：

"如果你不乖，我就不要你了。"

于是我内心一直存在着会被丢下的恐惧。只要有一点点迹象，我就会非常受伤，或是干脆自己先离开，因为我不想要被抛弃。

我现在已经四十多岁了，没有人可以抛弃我，我为什么还要被制约呢？

因此在这个当下，我开始疗愈我自己，我对自己说：

"你已经不是当年那个你了，这种受伤，你已经可以跟它说再见。"

> 能成功与自己沟通，代表着能够更深入地了解自己，在不会错误解读自己的情况下，自然就不易错误解读他人，这跟沟通一样是双向的联结。

你可以用跟自己沟通的方式，把心中的无名恐惧一层层挖掘出来，正视它们后，跟这些无名的恐惧说再见。只要不断练习，你自己就能做到这件事。

跟自己成功沟通了，便可以放下错误的理解与负面思考，跟他人沟通成功。

第 3 堂　热情

〔记下来〕

当你说话富含热情时，别人就会产生好奇。

〔练习看看〕

1. 找到你最有兴趣的事物。
2. 找到你最想让别人知道的事物。
3. 找到别人最想听的元素。

　　当你说话富含热情时，别人就会产生好奇：这热情究竟是从哪里来的呢？因而愿意专注听你说话。

　　我能不能也体会到有多好玩？听你说话的人会被你的热情感染，期待着被你的热情满足。

　　前阵子我看完了历史学家哈拉瑞的《人类大命运》《人类大历史》与《21世纪的21堂课》，他说未来的人类会非常欠缺"体验"，"体验"这件事会成为一种重要的学习。

　　为什么未来的人类会欠缺体验呢？主要是人类过度依赖电子产品，我们所有的学习用一台电视、一部手机以及一个平板就能解决。

　　这就是为什么演唱会与舞台剧的票会卖得越来越好，因为人们需要"体验"。而每个人得到的体验都是独一无二，无法被复制的。

但是目前人们十分缺乏 know-how，就是如何去体验。

"这食物非常好吃！"那么能不能让我体会到有多好吃呢？

"这个演唱会很嗨！"那么能不能让我知道是有多嗨呢？感动你的细节是什么？

如果你只会说好吃或是很嗨，听者无法感受到有多好吃或多嗨，他们想要"体验"到你的热情，你需要把你的热情描绘得更详尽。

比方说，你是个铁道迷，对火车很有热情，去研究火车的细节、火车的历史，你就会懂得如何方方面面描述你对火车的热爱，就懂得用不同的方式与他人沟通。

> 很多人只会用一种方式沟通，但这种方式可能只能让一种人产生共鸣，并不能放诸四海而皆准。而最厉害的人能把不同的沟通方式统合成他自己的语言，再传达给其他人。

这是高手中的高手，他可以用最简单的话，就让所有人都听懂并感同身受。

这种能力，是靠钻研累积而成的功力。

你可以找到自己的驱动力并开始练习，这个驱动力就是"富含热情"。

想要和某个人开始沟通,为什么不从你最想要让别人知道"某样东西有多好"开始说起呢?例如前面提到的铁道迷,如果深刻懂得铁道的奥妙之处,你就可以根据人们的喜好来切入话题。

举例来说,针对我这个美食狂热者,铁道迷就可以用"铁路便当"来开启话匣子:某条路线的铁路便当,是以附近某个渔港运来的最新鲜的水产做成的,只有坐这条路线的火车才吃得到。

一听到这里,我会想立刻奔去坐那条路线的火车,为了吃到这独家限定的便当!

富含热情地收集信息,你就可以从中提取到与其他人沟通的元素。

我知道你爱吃,所以我用吃说服你。

我知道你喜欢看风景,所以我就跟你描述铁道沿路的景色。如果你坐车厢左侧会看到何种景色,如果坐在右侧又会看到何种风景。

我知道你热爱马拉松,所以我告诉你可以在哪一站下车,以此为起点跑到哪一站后再上车,然后坐到某一站再下车跑步,在不同路线跑步,你能看到迥然不同的景色……

"热情"可以运用在所有你感兴趣的事物上。

你会发现,就算你是个阿宅,或是很害羞,但说话内容一点也不无聊。这股热情,会使你与别人的沟通元素源源不绝,跟谁都能聊得来!

第4堂 聆听的能力①

〔记下来〕

快速抓住与对方的共鸣点，引起对方注意的能力，在于"听"的能力。

〔练习看看〕

1. 尝试聆听自己内心的反应，譬如阅读一本小说时，你的心情起伏。
2. 聆听有两个层次：一是张开耳朵听，二是打开感官来听。

刚刚提到同样是自己有热情的主题，可以寻找他人也有共鸣的点切入，引起对方的注意。这个点要怎么寻找呢？懂得"聆听"会是非常好用的工具。

在谈话或沟通时，要想掌握对方当下的状态，分辨对方对自己说的话有没有兴趣，判断对话气氛的冷或热，以及找到转移话题的时间点，运用"聆听"来察觉是非常重要的一种能力。

聆听与表达一样，都可以从"自己"开始练习。

你曾经尝试聆听自己吗？

聆听自己时你会感知到内心各种极其细微的反应，如失落、雀跃、期待、烦闷……你可以借助工具来练习聆听自己，例如阅读一本小说。

当你在阅读小说时，心情往往会随着故事情节而起伏，这时候你可以刻意去感觉这些内心的起伏。

为什么读到这段文字，会感到心中一阵酸楚？为什么特别在意某个角色的出场与退场？他（她）的经历或个性让你联想到自己的处境，还是反映了某个你很在乎的人？读完这本小说，内心的感受如何？

有的人则是通过写日记来聆听自己，借由书写与自己对话，越是诚实，就越能听到自己内心真实的声音。

此外，聆听自己还有最佳时机。

当你感觉到内在的情绪正在升起时，不管是开心还是生气，这就是聆听自己的最佳时机。

你可以试着去寻找引起你情绪反应的源头到底在哪里，是事还是人？是过去的经历回过头来影响你，还是在你面前的那个人触动了你的情绪？为什么在那个人面前，你无法保持冷静？

以我为例，若是与我亲近的亲友不肯面对现实、自欺欺人，我会极度愤怒，说话无法保持冷静。这时候我会反问自己：我这么生气的原因是什么？为什么我不能好好跟对方说话？

我会借着反问来聆听内在的真实心声。

懂得聆听自己，则聆听他人的能力将大大增强。

此外对我来说，聆听不单纯只是听，它可以分为两个层次：一是张开耳朵听，二是打开感官来听。

张开耳朵听，是为了先开启对方的沟通意愿，了解对方的需求。

先听对方说话，让对方把想讲的事情说完。他有什么不满？他对于哪些事感到不开心？他的愤怒来自哪里？他最在乎的事是什么？

听对方讲完之后，便大致可以了解这场对话是否能有共识。又或者，在沟通之前，你以为自己是主角，但让对方先说之后，你发现对方期待你挖掘他的问题，于是你判断应该将主客立场对调，要以处理对方的问题为优先。

还有一种可能，是当你张开耳朵听之后，发现对方并不想处理自己的问题，这时候便没必要硬是撬开对方的壳，陪他聊一段时间或吃顿饭就可以了。

打开感官来聆听，是为了观察对方的沟通意愿。

你可以通过观察对方的身体语言，来判断对方的状况。

比方说，对方一直坐立难安，一下看看手表，一下看看手机，不一会儿又看着远方，那么你可以判断出对方的焦点不在你身上，他可能想要退出这个话题。

另外还有一种状况与前者相反——对方对你的话题其实很有兴趣，但他就是无法坐得安稳或正视你。

以上面这两种情况举例，你有没有办法正确分辨出来？这都可以通过"聆听"来训练。

最糟糕的沟通是只单向自顾自地说话,完全没有张开耳朵或感官聆听对方,这样的沟通没有目的与焦点,只是一条没疏通又不顺畅的鸿沟。

第 5 堂 聆听的能力 ②

〔记下来〕

每个人都是值得学习的对象,只要打开耳朵聆听。

〔练习看看〕

学习某个人的说话方式。听发音,为什么那样发音?语调如何抑扬顿挫?某个字怎么说?

学习说话与沟通,最重要的媒介是"聆听"。对我来说,每个人都是值得我学习的对象,只要我打开耳朵聆听。

因为耳朵好,说话才会好。

当你开始学习某个人的说话方式时,你就已经在聆听了。

比方说我很喜欢相声与脱口秀。当我观看这些表演时,我会专注地聆听演员的发音,并且试着去分析他为什么要这样发音?某个字他是怎么说的?哪些字要卷舌?语调如何抑扬顿挫?……这个时候,我不只在学说话,同时也在练习我的聆听能力。

跟音感需要不断练习一样,聆听也需要不断练习。通过聆听,我才知道了何谓字正腔圆,当我分辨出来字正腔圆与抑扬顿挫之后,我才能自己做到字正腔圆与抑扬顿挫。

接下来,练习很重要。

比方说,当我为 TLC 旅游生活频道的《香港新滋味》做英文配音时,有些英文发音非常困难,例如 knowledgeable(博学的,有见识的)这个词,knowledge 后面还要加上 able,很难说得顺。这个时候,就需要反复练习,将这个英文单词拆成 knowledge 以及 able 不断重复念,念个十次也许还不行,念个五十次,滚瓜烂熟之后,就能将 knowledgeable 这个词说得顺口了,此时,这个词就被你征服,成为你的词了。

想把一件事做到好,多练习是不二法门,而且练习不需要特地挪出时间,每个当下都可以练习。

如果在你的面前刚好坐了一个人,那个人就刚好可以成为你练习聆听的对象。

仔细听那个人的说话腔调——也许你听出来这个人说中文时尾音上扬、语助词很多,依据这些特征,于是你归纳出这个人的台中腔很重;或是你听出来这个人说普通话时 zh 与 sh、ch 与 c 不分……

> **练习聆听是好玩的游戏,经过日积月累就能提升聆听能力。**

以我的家族为例,当我们全家进行家族旅行时,在车上我们常玩词语接龙来打发时间。我发现家族中的长辈们 zh 与 sh、ch 与 c

不分，当我指出了这一点之后，长辈们说："zh、sh、ch、c 听起来都一样啊，哪里不一样呢？"

我说："这差多了！你们以前的注音考试是怎么过的啊？"

我这才知道，原来许多人的耳朵没有经过聆听能力的训练，分辨不出来发音的细微之处，因此，自己说话也就 zh、sh、ch、c 不分了。

不管是在舞台上还是在跟朋友与家人聚会时，我都会打开耳朵，专注听每一个人说的话，这些都会转化成我的说话能力。

当我上台主持时，就是在实践或是验收过去所做的训练。上台前我也许可以刻意不做任何准备，想说什么就说什么，借此测试现场反应，来验收过去训练的成果。或是仍然做足准备，但尝试去创造出能够自由发挥的空间。

说话可以如此，沟通也可以如此。

> 我随时随地都在练习聆听，
> 因为提升了聆听能力也就提升了
> 说话能力。

不妨从现在就开始试着练习聆听，你会发现，原来过去所忽略的声音，如今听起来居然如此美妙与有趣。

阅读 第6堂

〔记下来〕

拥有自己独一无二说话方式的最佳秘诀就是阅读。

〔练习看看〕

根据自己喜欢的事物找相关的书来读即可,漫画也没关系,不一定要深奥的书才学得到技巧。

能够明确地表达自己,开始学习与他人沟通、建立关系之后,接下来我想谈谈有特色地说话这件事。

找到自己独一无二的说话方式,这一点十分重要,因为那将会成为你个人的亮点。对我来说,通过"阅读"来打底与构筑自己的说话特色,是最容易入门、最有效果,而且是谁都做得到的方法。

那么,一定得阅读深奥的书或是工具书,才学得到技巧吗?

答案是:No!

以你喜爱的事物为切入点,去寻找相关的书来阅读即可,可以是散文,可以是小说,可以是漫画,可以是图解书……什么类型的书都行,只要你愿意拿起来读,那就是适合的书。

再以我这美食狂热者来举例吧。

我清楚地知道我就是爱吃，当我跟朋友聊美食或主持节目时，我想说得更深入，更有层次，更有我的个人见解，而不是老是用几句老掉牙的话形容来形容去，把好吃的食物都说到变无趣了。

为了丰富贫乏的说话内容，我去找跟美食相关的漫画来读。

例如几年前大热的日本漫画《神之雫》。

这是一部以葡萄酒为主题的漫画，故事中的两位主人公以寻找父亲留下的"十二使徒"为线索，展开一场又一场竞逐，故事情节既有张力又充满知识性。

也许你原本就懂葡萄酒的口感有各种层次，比如说有的是口感偏干（dry），有的是充满果香味（fruity），有的是入口饱满（full bodied）……这些都是品项式的描述。

《神之雫》对于葡萄酒的描述能带给读者更多的想象空间与画面感。当故事中的主人公喝下一口红酒之后，他会形容那口酒让他仿佛看见色彩丰富的嘉年华在眼前重现，读者便可以联想那酒的风味：也许这酒的香气是浓郁的，口感是丰盈奔放的……《神之雫》为我打开了形容美食的新视野。

> 通过'阅读'来打底与构筑自己的说话特色，是最容易入门、最有效果，而且是谁都做得到的方法。

这让我学到,当我们在说一件自己喜爱的事物时,可以拿一种感觉来具体形容它。例如我这么说:

我吃到这道料理的感觉,就跟我打了一个礼拜都破不了关的糖果传奇(candy crush)突然破关了一样,会让我想两手高高举起大喊:Yes！

征服的感觉是言语难以比拟的。玩游戏的人都知道,卡关卡很久终于破关了,心里会升起对电玩大神的感激涕零,或是一涌而出终于可以前进到下一关的爽快感！

把吃到美食的感觉和玩游戏破关的瞬间比喻在一起,你瞧,是不是更能让别人理解你的激动呢？

关于"感觉"可以有许多形容方式,当然人生经历越丰富,形容的层次与拿来比拟的事物就越多样,别人听你说话就不会觉得单调无聊。

我是一个杂学者,对任何事物都想了解、都想学,我乐意花时间满足自己对这个世界的好奇心,这些历练建构了我的说话方式。

如果你不是这样的人也没关系,除了我推荐给你的阅读,还有其他丰富经历的方法,例如看剧集、看电影,或是去旅行增长见闻……用自己觉得好玩的方式来学习,比吞下专家写的技巧型工具书成效更显著。

你的所有阅历都将内化成说话的养分,尽情去体会吧！你将会发现自己在说话时更有灵感,无须刻意模仿,就能找到自己独一无二的说话方式。

第 7 堂 说一个故事看看

〔记下来〕

第一次体会到说故事的乐趣后，会有巨大的成就感。

〔练习看看〕

1. 如果有喜欢的书，读个两三遍，甚至背下来都很有帮助。
2. 只要是熟悉的故事，就试着吆喝一些人来听你说。

继续来谈谈阅读为什么对说话有帮助。

这得再回头从我小学时讲起。

小学五、六年级时，我最大的兴趣是读香港科幻小说家倪匡所写的《卫斯理传奇》，以及法国作家莫理斯的"侠盗亚森·罗苹"系列小说。从那时开始，只要月考某一科考了一百分，我爷爷就会开心地带我去书店买一本卫斯理或亚森·罗苹作为鼓励，一直持续到我上了中学。

尤其是倪匡，他大大地满足了我对世界与宇宙的好奇心，他让笔下的卫斯理，经历一次又一次光怪陆离的冒险。卫斯理到过阴间与天堂，曾在过去与未来之间穿梭，甚至与外星人打交道，去到太空……他遇到过各种稀奇古怪的人物与事件，但这些经历一点都不让读者觉得荒诞，理所当然得仿佛是发生在自己身边的事，只是自己从未察觉罢了。

我醉心于卫斯理的冒险故事中,而博学的倪匡先生也打开了我在宗教、民俗、历史、超自然现象、宇宙观等领域的视野,激发了我的想象力。

更令我惊喜的是,通过阅读小说,也启迪了我的表达与说故事能力。

跟相声一样,只要是我喜欢的小说,我会一而再再而三地重读,到后来整本小说几乎背得滚瓜烂熟,不必看书我也能把情节一字不漏说一遍,例如卫斯理系列中《寻梦》这本小说。

《寻梦》谈的是因果。一对男女从小到大一直重复做着相同的梦,两个人的梦里都有个男人被自己所爱慕的女人刺死,而当这对男女后来相遇后,才惊讶地发现梦中的情节其实是两人前世的遭遇……十分曲折离奇。

> **想要让言语更有味?书是不会背叛你的朋友与不让你花大钱的老师。**

大师倪匡曾说过,《寻梦》是他最喜爱的故事,这故事在香港也曾被翻拍为电视剧。

记得初三时,我化身为说书人,花了一整堂课的时间在语文老师与全班同学的面前说《寻梦》。

由于情节我实在太熟了,说书对我来说根本不费功夫,还记得当我说书时,班上同学和导师脸上着迷的表情,她们的心情随着我铺陈的故事情节起起伏伏,完全融入我的说书中,当故事结局揭晓时,她们忘情地热烈鼓掌!

原本我担心老师会觉得科幻小说是闲书,对功课无益,这次说书后得到老师的肯定也让我放下疑虑——故事就是这么具有魅力。

第一次体会到说故事的乐趣,我得到巨大的成就感。

而这都得归功于孜孜不倦的阅读啊。

> 持续阅读的潜移默化,能使你的想象力与表达能力都变得更加活跃。

高二时我开始自己写参加相声比赛的段子,日积月累小说阅读,让我能用更丰富的词汇来写段子,让我的演出更加饱满,进而能过关斩将取得好名次,这些都是阅读给我的馈赠。

除此之外,阅读还能帮助你在大量信息中快速抓到"关键词"。

举个不久前发生的例子。有一天我姨妈给我看个 Line(一款聊天软件)里的笑话,对我说:

"这笑话很好笑,你赶快看!"

我把眼睛凑过去看了一会儿，就把头别开了。

姨妈说："等一下，你根本没认真看！"

我说："我认真看了啊，我看完了，还蛮好笑的。"

她说："你乱讲！你根本没认真看。那你把笑话讲出来给我听。"

于是我把那个笑话从头到尾讲完。

姨妈惊讶地说："哈！原来你真的看进去了……"

我大约花了十秒的时间看完那则笑话，而且记得清清楚楚。

诀窍就是：只要记得关键词就可以。

而抓关键词，在对话中也是十分重要的能力。

想要让言语更有味？书是不会背叛你的朋友与不让你花大钱的老师。

第 8 堂 不要忽略各种征兆（sign）

〔记下来〕

生命会给你征兆，提醒你要注意转变时刻的到来。

〔练习看看〕

1. 想一想任何事都不会平白无故发生。
2. 遇到征兆，需要分辨的智慧，而这个智慧能在生活中累积。

大约八年前，生命给了我一个征兆。

当时我为了工作飞到某个城市，下飞机后，来接机的工作人员对我说："宝仪姐，欢迎你再度来到××。"

当时我心里觉得纳闷：我来过吗？……怎么回想都想不起来。

那一刻我觉得：我的人生出了问题。

我曾经是个什么工作都接的人。除了想赚钱，还抱着工作多就代表自己很红的迷思。可是，当时的我居然连做什么事都忘了，这种事我不想再经历一遍。我在心里责怪自己：我到底在干吗？从这之后，我不再盲目地接工作了。

每个人的生命都存在着需要转变的时刻，生命会给你征兆，提醒你要注意转变时刻的到来。生病是一种征兆，我会忘记做过的事也是一种征兆。

征兆一旦出现，别忽视它。

我的人生经验是：如果我忽视了这个征兆，它会不断出现来提醒我，而且忽视越久，付出的代价越高。

有的人会抱怨自己的人生：为什么我总是遇到会劈腿的人？

其实是你一定对过去曾出现过的征兆视而不见，所以一次又一次做出同一种选择。只有你自己停止这个无限循环的旋转木马，才有解套的可能。

> **征兆一旦出现，别忽视它。**

当征兆出现时，我会警觉：我都已经看到了，表示已经很严重了。

任何事都不会平白无故发生。任何争吵、任何情绪的升起、任何病痛，都事出有因，我们必须从这些征兆中学习。

我曾经看过一句很美的话：每一个生命的逝去，都是对在世者的一份礼物。

意思是：没有人会白白死去，每个人的死亡都有值得在世者学习的东西。

比方说我的爷爷去世后，我领悟与学习到非常多的事，重点是，我必须往里面看：这个征兆要告诉我什么呢？

我对爷爷的感情？我对他的不舍？我对生死的态度？我对生命

的定义？我紧紧抓着不放的到底是什么？如果这些都不在了，我的生命是不是就没有价值了？

爷爷去世这件事，给了我非常多的反省。

我体会到：越是会让你感受到情绪震荡的事，这里面要学的功课越多。

当功课来临时，我会努力立刻做不拖延。赶快把功课做完，才能安心出去玩，这个世界有这么多有趣的事，把功课拖延到最后一天再做，草草完成它，那有多么可惜。好不容易来这世界当人，我不想功课随便做一做就走了。

而征兆，不是非得紧紧抓着不放。有的征兆是看到了就得赶快放手，不必深究。这种征兆往往是有个人已经决定要离开你，或是一位总是散发强大负能量、不愿改变的朋友……当你看到了，潇洒地挥手跟他们说拜拜就好，无须留恋。

遇到这种征兆，需要有分辨的智慧。而这个智慧能在生活中累积。

有段话这么说：请让我愿意承担我可以承担的责任，而放下那些不该我承担的部分，并给我清楚分辨它们的能力。

至今我仍然在学习分辨的智慧。

当你还没有学会时，便容易把别人的话听错、误解对方、放错重点，这时候，沟通就会失效。

因此我不断地、不断地内省。这是一门需要花时间学习的功课。

Chapter 02

说话与沟通是流动的飨宴

/ 走出困境，重新认识自己 /

第 9 堂 画面很重要

〔记下来〕

避免无效沟通,有时候画面比文字更具象,而且更容易记得长久。

〔练习看看〕

1. 说话之前,让脑子先有画面。
2. 接着练习以更多的层次形容自己的感受。
3. 找到可以令人感同身受的共同语言。

在说任何话之前,脑中如果都能先有画面,就能避免无效的沟通。

叙述一件事之前,先让那件事在脑子里具体地呈现画面。当画面里的细节越多,能形容的面向也就越多。

这是我在演戏时领悟出来的一个道理。

在演内心戏时,有个资深演员曾经教我:

假设只是说出"我很难过",那只是表面的难过。如何让"我很难过"在脸上更具体地呈现呢?你心里的那个画面,必须是你真的很难过的画面。

比方说,家中的狗狗死掉了,你抱着它痛哭的画面。当你想到那个画面,自然而然脸部就会呈现出难过的表情。即便难过不需要到这种程度,但想象过这个画面之后,也会让表演呈现出某种张力。

如果不是演戏，而只是想跟某人描述一件事，你也应该在脑海里先把这件事的来龙去脉过一遍。

例如这件事发生时当天的温度、湿度，当事人身上穿的衣服，你自己穿什么衣服，你到底看到了什么……细节越多越好。当细节够多时，在陈述事件时，就有许多元素可以补充说明。

前面提到过我曾用一堂课的时间，说完倪匡《寻梦》这个故事给同学和老师听，之所以能说好说满这一堂课四十分钟时间，是因为当我一边看《寻梦》时，一边脑补小说中的画面。

当我脑子里有画面时，小说就不再只是文字而已，我记住的是所有情节的画面。我并没有把整本小说的文字背下来，只是先在脑海里把小说拍成一部电影，再将画面如实陈述一遍。

有时候，画面会比文字更具象，而且更容易记得长久。

而如果你想让自己的陈述方式听起来更有变化，例如用更多词来形容"快乐"——"爽"可能是比"快乐"强度更高，或是"愉悦""雀跃"等各式各样的形容词……这时候，你需要补强的是"感受的层次"。

假设现在你面前有一块蛋糕，你可以试着用各种层次去形容它的口感：像棉花糖一样软绵绵，比云还轻柔，甚至是吃起来像凤梨酥……在生活中多去尝试与感受一些新体验，在形容事物上就能产生更多层次。

接下来还有一个形容事物、获得共鸣的好方法——"寻找共同语言"。

当你在台上说出"福气啦",大家一定会有反应,因为在台湾,不管是谁一定都看过由周润发代言的这个广告。或是唱出"感冒用斯斯,咳嗽用斯斯",也是所有台湾人都能会心一笑的共同语言——在各种紧张的颁奖典礼转播中,谁没在进广告时听过这个药厂主题曲呢?

若是要说出一个海峡两岸和港澳都了解的共同语言,说个周星驰的笑话就很有用。当你一唱出"Only You"或是说出"小强!小强你怎么了小强?"时,大家的脑海里就会浮现这些周星驰电影中的经典画面,任谁听到了都会哈哈大笑。

> 共同语言除了能让沟通更顺畅,还能拉近你与他人的距离。

- 说话前脑子里先有画面
- 更有层次地形容感受
- 寻找共同语言

你可以把以上三点当作练习说话的三样功课,只要能掌握其中精髓,渐渐地,开口说话就不再是令人却步的事。

第10堂 别人的闪光点

〔记下来〕

找到别人的闪光点，话题就可以源源不绝。

〔练习看看〕

1. 从"观察"开始。
2. 以对方有兴趣的话题，打开对方的聊天与沟通意愿。

这么多年主持工作下来，我觉得主持给我最好的训练，是让我能够在最短的时间内找到一个人身上的"闪光点"。

而我非常珍惜这些闪光点。

有时候主持只有三五分钟，例如人物访问。我必须要在短时间内捕捉到受访者的闪光点，而且必须让观众能看到那个闪光点，从好的角度切入话题，并且用大家都听得懂的话来突显那位受访者。

这是一个好的主持人需要具备的能力。

就算是由一群主持人共同主持，我也会去扮演发掘"闪光点"的角色，这样整个主持过程，才会有源源不绝的话题可说。

那么如何判断找到的"闪光点"无误？以我来说，当我看到某个人身上的闪光点时，我会感到兴奋的话，这就是了！

2017年，我主持韩星朴宝剑的粉丝见面会。在访谈之前，我先做了功课，看了他的实境旅游节目《花漾青春》。《花漾青春》这节目每集都有个桥段，就是朴宝剑跟伙伴在出发前，会先对着天空说"砍桑哈咪搭"，即感谢老天爷。

那一刻我看到朴宝剑身上的"闪光点"，我发现他是个十分懂得感恩的孩子，当他懂得感恩身旁的人、事、物时，他就会懂得"珍惜"这件事。当他珍惜别人时，他也就成为一个值得被珍惜的人。

我在主持朴宝剑的粉丝见面会时，就利用了这个我发现的闪光点。

在开场之前，我跟他的粉丝们说："让我们一起踏上今天这段旅程吧！在开始之前，让我们一起对天空说：'砍桑哈咪搭！'"

于是全场粉丝一起兴奋地大喊："砍桑哈咪搭！"

接着我说："那么我们的粉丝见面会，就此开始！"

全场气氛在瞬间被点燃。

我和朴宝剑以及他的粉丝们，在那一天仿佛真的经历了一段的精彩旅程，沿途毫无冷场。

观察别人的"闪光点"，有时候是短期的观察，有时候则是长期的观察，它也可以运用在人与人之间的聊天与沟通上。

找到对方有兴趣的话题，打开对方的聊天与沟通意愿，这也是一种"闪光点"。

我曾经主持公视《艺文大道》*长达五年时间，每一集都要访问不同领域的艺术家，有的是行为艺术家，有的是传统戏曲艺术家……虽然跨界跨很大，但他们的共通点是：他们都是人，只是表达自己使用的媒介不同。

有的人用绘画，有的人用舞蹈，有的人用戏剧，有的人写成文字……不管他们的表达方式为何，我使用的沟通方式都是一样的：抛开他们的专长，将他们视为一个"人"，就能找到勾起他们兴趣的话题。

> 人都有各自的情感、各自的背景、各自的快乐与挫折……这些就是每个人最想听的故事。

无须特别去谈创作中的细节，他们的人生故事，其实就揭示了创作的养分来源为何。

我花了五年的时间，了解到"人"本身的故事就是最具吸引力的说话题材。

找到别人的"闪光点"，方法"一通百通"，放到任何人身上都

---

* 编注：公视《艺文大道》每周推出一个艺文主题，让观众更深入了解该艺术文化领域中，有哪些焦点人物在努力追求自己的梦想，在逐梦的过程中曾面临哪些困境，又是如何突破难关走出自己的路。通过主持人深入浅出的提问，引导来宾侃侃而谈，跟大家分享他们成长与创作的故事。

适用。我同时也发现，当我察觉到谈话对象的闪光点，并且以此切入话题，与对方的情绪同步时，有时候会出现非常饱满的疗愈时刻。这一点，我将在另一篇文章中详细诉说。

第11堂 开场白

〔记下来〕

不论面对一群人还是一个人,都要敏锐感知对方目前处于何种情绪与状态。

〔练习看看〕

1. 如果谈话气氛冷到不行,试着"找出小火苗"或"安抚",这两个方法可以打开彼此心结,让对话延续下去。
2. 面对突发状况,试着让情绪归零。

对我来说,开场白很重要。

不论今天坐在你面前的是一个人还是一群人,都要很敏锐地去感知对方目前处在什么样的情绪与状态。

比方说面对的是一群人,只要说一两句话测试,或是只要站出来,就能得知今天的气氛是热还是冷。

如果是粉丝见面会,它通常一开始就很热,我需要做的是"控制",不要让火烧到无法控制的状态,因为粉丝如果开心过头,其实会对艺人造成困扰,也会影响整体节目流程。毕竟主持人站在舞台上除了照顾粉丝,还得照顾艺人、翻译、台上台下的工作人员,还有导播。节目要一群人共同合作才能完成,让节目能顺畅进行,也是主持人的工作之一。

那么如果今天是"冷场"呢?

主持人必须"找到现场的小小火苗",能不能把这个小火苗往上煽?

比方说,现场一定会有一两位特别活泼的粉丝,我会跟他们对话,带动现场情绪,这样坐在一旁的粉丝都受到感染了,一个连着一个影响,慢慢地一群人就会热起来了。

粉丝见面会开场时,我会同时做以下几件事:

一、找到火苗;二、安抚粉丝,让他们知道我不是来混的,绝对够格站在他们的偶像旁边,也让他们知道我做了哪些功课。我只要说出一两个关键词,他们就会知道我做了哪些功课,让我顺利过关。

粉丝会审视主持人够不够格,有时候这会让主持人感到不舒服。因此只要把粉丝的心结打开,把自己的心结打开,将彼此的心结都打开了之后,从此就沟通无碍了。这时候,就算在粉丝见面会中玩最简单的剪刀石头布,也会变得好笑不已。

和自己的亲人或朋友沟通不也是同样状况吗?要开始一场谈话时,如果气氛降到冰点,冷到不行,那么试着用"找到小火苗"与"安抚"这两种方法,也许就能打开彼此心结,让对话能延续下去。

除了前面谈到的控制场面与带动式的开场,还有一种开场,我称之为"定心丸"式的开场。

有时候是十分严肃的场合,例如新闻类的节目,或心灵类的讲座,这时候定心丸就十分重要,主持人要懂得适时让现场观众的情绪"归零"。

举个例子,我主持过腾讯的直播新闻节目《听我说》,节目会找该年度最有话题的几位人物来演讲。我负责的是引导串场,来宾演讲完之后,针对演讲的内容深入挖掘,问几个观众可能会想进一步了解的问题,收尾,再串到下一位来宾。

因为年度新闻有可能是充满悲伤或是争议,也有可能是富有正能量或八卦的,高低起伏非常大,如何在不同的议题中穿针引线,就变成困难的功课。我在开场时,会先定调这个直播是让当事人畅所欲言的场合,在现场跟在家观看的观众可以先让自己放下之前曾看过的新闻,放下曾经引发的情绪,给当事人一个陈述内心的机会。我也会提醒大家,这个直播会是一趟云霄飞车似的旅程,请大家系好安全带跟我一起出发。

一方面归了零,一方面也是个定心丸。

其中有一位来宾是 2014 年马航失踪班机乘客的父亲,分享到后来,那位老父亲在台上失控,哭着说:"我要找我的儿子啊⋯⋯"甚至就在直播时公布了自己的电话号码。

当下所有人都愣住了,这并不在讲稿安排内,完全是突发事件,我必须非常快地做出反应。于是我在演讲结束后,上台握着老父亲的手对观众说:

"首先,我们必须尊重所有马航家属的处理方式,不管是继续寻找或是已经放弃寻找，我们都尊重每位家属的选择，你们已经承受了非常大的伤痛。其次，我想告诉大家，刚刚这位爸爸虽然公布了他的电话号码，但请不要利用这位老爸爸的悲伤，做不应该做的事。"

当时我在做的是"平衡"现场情绪，以及降低未来可预见伤害的发生率。

送走老爸爸后，我请所有的人跟我一起深呼吸，因为云霄飞车要从低谷往上爬了，然后我再介绍下一位调性完全不同的讲者。

如果我没有做归零与定心丸式的开场，观众很容易无所适从，节目也会难以进行。

在开始一次很重要的说话之前，其实一开场所说的话就已经定了调，我称之为：定海神针！

第12堂 听众的小火苗

〔记下来〕

讲者与听众之间的能量是流动的。

〔练习看看〕

1. 先发现现场听众的特点。
2. 再丢出一颗好球，接住现场的小火苗，善加运用就可以燃成燎原大火。

主持人经常要面对观众。前面《开场白》这篇文章中，我提到想要让现场变得更热络，可以先找到小火苗（特别活泼的粉丝），然后将它燃成炙热大火。

这里我想进一步说明这个方法。

也许读这本书的你面对观众的机会不多，但在学校或工作中，总是会有机会站在台前发表自己的意见，或是面对社团、公司团体演讲。

那么就以演讲为例吧。

当我演讲时，只要离台下听众的距离不是太远，我就偶尔会开台下一两位听众的玩笑。

当然这玩笑绝对是无伤大雅的，是不损人，也不伤人自尊，更不是挑衅的玩笑。

通常当你开始点名台下的人时，台下的人会知道：其实你在注意他们，你并不是自顾自地在说话，是想要跟他们互动的，而台下的每一个反应，其实你都看在眼里，也都珍惜。

这时候，讲者与听众之间的能量是流动的。

当你丢出了球，对方接到后再把球丢回给你之后，所有人都会明白这场演讲绝不是单向的你丢我看心情要不要捡，而是：如果我丢出了球，你捡得到；而且搞不好我丢得不错，你捡得漂亮，大家都开开心心。

如此一来，听众会更明白：这场演讲跟他们过去听过的演讲，是不一样的。

> **现场听众的注意力便会随着演讲的进行越来越集中。**

一次点名一堆人，大家会有不知道你在搞什么之感，如果只挑一个人出来开玩笑——当然你已经先从那个人身上发现了一些特点，而那个又是大家听完之后能够会心一笑的特点，其实这就是最好的开场与互动。

举例来说，2018 年底我主持苏志燮的粉丝见面会，那时他刚拍完《我身后的陶斯》这部连续剧。剧中苏志燮化身为情报员，为了调查一宗杀人案而潜入邻居家当保姆，照顾一对双胞胎。

苏志燮提到这对扮演双胞胎的孩子在片场十分调皮捣蛋，他都靠软糖这个武器收服他们，于是我问："那今天软糖也带来了吗？"

只见苏志燮手伸到口袋里掏东西故弄玄虚，接着从口袋里拿出"手指爱心"！这撩妹高招让现场的粉丝们都乐不可支。

接下来，苏志燮说自己私底下跟剧中的男主角金本一样话不多，习惯独处，喜欢小孩，但仍是孤家寡人的他，没有生小孩，也没跟孩子一起生活过。

这时候台下有位粉丝突然大喊："我可以跟你生！"

一听到这位粉丝的乱入告白，我立刻问："生……生什么？"

粉丝回道："生……活！"

此话一出，全场爆笑到快失控，我出来安抚现场气氛："请大家矜持一点啊！"

> 接住现场的小火苗，善加运用后，可以燃成燎原大火。

丢出一颗好球之后，捡球的人捡得漂亮，一来一往，现场气氛想热络不起来也难啊。

第13堂 调频有技巧

〔记下来〕

与听众之间建立关系,这就是调频的魅力。

〔练习看看〕

1. 抓到整场演讲的主轴。
2. 注意自己的服装。穿着得体,会让对方尊重你要说的话。

做主持人最有趣的事之一,是可以调整现场的频率。

你可以把现场弄得很嗨,也可以把现场调整得很平和,甚至能清空所有人的脑袋。

举我做过的身心灵讲座为例。讲座当天正是炎炎夏日,又是俗称"鬼门开"的日子,来参与讲座的学员各个都心情烦躁,连我这主持人也不例外。

由于是身心灵讲座,需要先让大家的心沉静下来,于是我在开场时说:

"不管我们在这个月经历过什么令自己烦躁的事,我先请大家想象一件事,就是:在你的心中有一个按钮,当你按下去之后,你就会归零。归零之后,那些曾经干扰你的想法,那些很奇怪的频率,都会被挡在这个演讲厅的外面。按下去了,你就成为空的状态,然后你可以把今天讲座吸收到的所有东西，原封不动地带走。"

现场所有人聚精会神地看着我。

我接着说："好，现在我们想象这个按钮，当我数到三之后，我们一起按下去。一、二、三……"

没想到当我数到三，大家都按下心中的那颗按钮之后，居然有人当场哭了出来。

主持人必须先抓到一个主轴，将现场的频率定调在这个主轴上。

那天的讲座我抓到的主轴是：归零。因此在开场时，我运用了前面说到的方法让大家归零，也确实让大家把烦躁的心都丢到场外了。

当时这讲座是系列性的，总共有八场。在第一场讲座时，开场时我跟大家说："大家午安。"没人敢回应我。这就跟去听古典乐时，大家不知道在音乐演奏结束之后，该不该拍手是一样的。

到了第二场时，大家跟我已经有点熟，或说由于经历过上一场讲座之后对我产生了安心感，当我说"大家午安"时，至少有一半以上的人回应："大家午安。"

这时我忍不住脱口而出："现在大家很熟了齁！"

观众笑了。

大家心里真的会感觉到：我们很熟，我们已经是朋友了。

与听众之间仿佛已建立起了关系，这就是调频的魅力。

主持人必须要很清楚节目的主题为何，是新闻还是娱乐？是身心灵还是一对一的心灵咨商？

和朋友与家人之间的聊天、沟通也是如此。对方是只想跟你闲聊还是需要你的支持？对方目前的身心状况是健康还是有待调整？找到谈话的主题，就能调频。沟通的频率一致了，有时话不用太多就能一语中的。

> 穿着得体的服装也是一种调频。

穿着对的服装出席各种场合，除了得体之外，也是让对方尊重你接下来要说的话。

如果今天你要去登山，或是去访问野战士兵，就不适合穿着衬衫或高跟鞋去，对方一定会觉得你这个人很糊涂。

如果是去访问专业人士，穿着迷彩裤、球鞋去就相当不合适。

想要让对方更容易进入受访状态，就要让自己先进入状态。得体的服装，便是调整自己状况的第一步，也是得到别人觉得你有备而来的尊重的开始。

当然有的人追求个人特质，到任何场合都穿着个人色彩鲜明的服装，这当然不是不行，只是要让对方多花一点时间与你调频，进入状态的时间也会随之拉长。而且这通常都会给人一种"我比较重要，想沟通你得先接受我"的态度，如果对方是个敞开的人，或许会欣然接受你的我行我素，如果沟通的对象有点固执，那这种想要得到主控权的服装可能会先让对方皱眉甚至心理抵触。

对我来说，所谓得体是方方面面的。

让对方从视觉、听觉、说话内容各方面都觉得你得体。让对方感受到你愿意先主动与他调频，感受到你所传递的讯息："今天我是来听你说话。"对方就更容易进入跟你对话的状态。

第14堂 适当的空白与停顿 ①：无声胜有声

〔记下来〕

不是用说话把时间填满,拼命说话才叫沟通。

〔练习看看〕

1. 无声胜有声,注意力更集中。
2. 所有现场状况都是"有机的",所以人也要变得"有机"。

与人谈话或沟通时,有些人总无意识地用话语把所有时间填满,以为要拼命说话才叫作沟通,殊不知,其实有时候无声胜有声。

2018年的"池上秋收稻穗艺术节"就是最佳佐证。

"池上秋收稻穗艺术节"已邀请我主持七年了,对我而言,如今每年秋天回到池上就像回家一般喜悦。

艺术节的安排通常是一年流行歌手、一年表演艺术穿插进行。流行音乐歌手,如伍佰、阿妹与A-Lin,他们的表演风格是热闹活泼的,而表演艺术如云门舞集与优人神鼓则是沉淀内敛的。

2018年是"池上秋收稻穗艺术节"十周年,由"云门舞集"重返池上舞台。

我了解云门的风格,因此在云门的舞者上场前,我想先让现场观众的心沉静下来,以最佳心态来观赏表演。

表演前我先上台与观众们说明注意事项，比方说把手机切换到静音，禁止录音与录像，以及提醒大家赶快就座，表演五分钟后就要开始。

提醒完这些事项后，我突然站着不动，不说话，而是看着所有观众。

大家注意到了我的停顿，他们转而把焦点转到我的身上，注意力更加集中，脸上期待着接下来我要说的话。

当下我灵机一动，想道：也许观众的注意力集中，可以成为我说话的内容。

于是我对大家说：

"在开演前还有五分钟，如果大家已经拍完照，也找好位子坐下了，我希望大家接下来可以花些时间，跟这片田好好相处。在舞者还没有站上舞台前，这片田，就只属于你。而你眼睛所看到的，将会永远留在你的心里。接下来，我就把时间留给你们，跟这片天，跟这片田。"

语毕，全场迅速安静下来。

几分钟时间，一丝人声也没有，直到舞者上场。

这一年的池上艺术节总共有三场演出。

第一场是不收费的乡亲场，只有池上当地人能进场。第二与第三场是售票的正式场次，观众来自四面八方，不只台湾，还有来自五湖四海的人们。

这三场的正式演出前，只要我说完前面这段话，都收到相同的效果，全场安静下来，就算有人想说话，也是低到几乎听不见的耳语。

为什么观众会这么听话守规矩呢？我想是因为"沉淀"对他们来说，是非常难得的体验。对这些观众来说，来池上只为了看表演吗？不一定哦，想来欣赏池上风景的意图或许不比看演出少。

"池上秋收稻穗艺术节"正好给观众机会，能坐在平常难以接触的土地上一两个小时，好好地看着山、看着稻田、看着蓝天、看着白云的变化，随着天气的变化，眼前的大自然每一天都有不同的样貌。

对观众说出用五分钟看天空、看田……是我站在台上看着观众时脑子里浮现的一个想法，而我觉得我应该要说出来。

> **如果是按照剧本套路把话说完，就没有办法捕捉到当下带给你最感动的事情、当下最该说的话，以及观众最想听的话。**

这一年池上艺术节的三场演出，我每天都依据现场与环境说不同的开场白。

第一场乡亲场，我站上舞台时说："我本来应该说，欢迎大家来到池上，但今天是乡亲场，我想跟大家说，谢谢大家今年又让我们来到池上，谢谢你们把这个活动做了十年。池上让台湾多了一个节日、多了一个传统，每到秋天的时候我们有一个地方可以聚在一起。

谢谢你们开放自己的家，让我们每年都能吃到好吃的东西，享受最新鲜的空气。"

现场乡亲热烈鼓掌。

第二天正式场，面对游客、学者与媒体，我说："在池上有个最大咖的工作人员，叫作老天爷。'置景'老天爷，你不会知道每天他要置什么景，有时候是彩色，有时候是黑白水墨，有时候多云，有时候晴空万里，变化万千。'特效'老天爷，何时要刮风，何时要下雨，你猜也猜不到，每一秒我们都在跟大自然同步与呼吸，是绝对的 4DX！"

第三天的第二场正式场，我则说："云门让我在这舞台上学到非常多，有个很重要的学习叫作'日日是好日，天天是好天'。每次来到池上我都在想，不要下雨吧，但艳阳高照时，又觉得，实在太晒啦。由于每一天不同的天气变化，每一场表演都能带给你不同的感受，也教我学会安然接受每一天的安排，因为平常可能觉得是痛苦的体验，在这个舞台上会成为无可复制的惊喜！"

我记得有一场表演时，云开了，穿过云隙间的阳光不偏不倚正好打在舞者身上，那道光仿佛来自上帝。而有一年也是云门演出，那天下了大雨，云门临时将舞码改为《水月》，完全不需做特效。那天舞台上的水来自大自然，舞者在舞动身体时，从脚边溅起的水花，比在剧院中看起来更灵动，这是在要求场场精准的剧场演出绝对不可能有的画面。

在家里想得再多、准备得再充足，但现场的状况是变化的，观众的质感是不同的。尤其在户外，天气与温度、湿度每天都不同，所有状况都是有机的，以至于人也要变得有机。

当然，说话也要随之有机起来。

七年的池上艺术节主持经验，每一年对我来说都是弥足珍贵的学习，都有新的体验。

第15堂 适当的空白与停顿②：让能量流动

〔记下来〕

有时候沉默会带来意想不到的效果。

〔练习看看〕

1. 不需要把话说满。
2. 不要想用说话取悦别人。
3. 懂得跟自己相处，才懂得说话中停顿的珍贵。

空白与停顿，在说话中的功用无穷。

对我来说，还有另一个很重要的功能是：让能量流动。

在谈话间，你可以先停顿，让对方的能量先流动，再观察接下来自己该如何处理当下的情况。有时候，可能有意想不到的事情发生。

2018年我做腾讯新闻纪录片《明天之前》*，有一集的主题是安乐死。其中有一个想法是去访问三天后将进行安乐死的一百零四岁人

---

* 编注：《明天之前》是腾讯新闻在2018年拍摄的系列纪录片，探讨的是人类在未来或当下可能会面临的比较有争议性的问题。包括安乐死、AI性爱机器人、美墨边境问题，还有人类永生等议题。

瑞的孙子。我们想知道当自己挚爱的亲人选择安乐死，被留下的亲人会有着什么样的心情。

我在访问那位孙子时，一开始他很镇定，他说：

"我是上礼拜才得知这件事，一开始我也是十分震惊，但我尊重他的选择。"

我问他："你现在心里的感觉如何？"

他说："当然很难过，很不舍。"

说完这话，他突然停住了。

一般来说，如果我做的是普通的电视访问，我会非常快地把那块空白补起来，把节目录完。

可是那一刻我意识到：我必须让他的悲伤流动。

于是我也停顿下来，我要看看他的悲伤要流动到哪里去。

而让我意想不到的是，他的悲伤流动得太庞大，最后他站起来，把麦克风拆了，离开现场。

他说："我没有办法再继续做这个访问。"

我觉得就是这个动作，让大家清楚地知道，其实在面对死亡时，不是一天、一个礼拜、一个月的事。而安乐死，从来也不是一个人的事。

你以为你可以为自己的生命做决定，为自己的生命负全责，事实上影响到的是身边所有的人。

对我来说，这个采访中的停顿是：我让事情发生。

因此，有时候沟通并不是要把话填得很满。

我以前做主持时不是很明白这件事，只觉得把话说满了，就是把工作做完了。

过去做电台节目时，如果没有音乐、没有声音，那相当尴尬，甚至工程人员会跑进录音间问：现在是断讯了吗？

可是电视节目跟现场活动有影像有画面，有时候适时的停顿与空白，反而是可以让观众思考的空间，主持人要有信心能镇住这个空当，然后让别人思考。

因此现在我明白，有时候沉默反而会带来意想不到的效果。

我们会说，有些演员的内心戏演得很好，就是因为演员知道利用沉默，用自己内心的状态说故事。

> 而我认为好的沟通，其实不见得要用文字和语言填满，它有很多空间可以被运用。

前面都是用我的工作举例，接下来我想以自己为例，说明人与人之间的沟通，也需要适时的空白与停顿。

以前我不懂得跟自己相处，我有能力带给别人快乐，但我没办法让自己快乐。

和别人相处时，我总是让自己扮演开心果的角色，想尽办法把相处的所有时间填满，拼命说笑话，话说个不停，那时我认为，这就是最有质量的相处。

当时的我取悦了别人,但取悦不了自己。

而现在的我懂得跟自己相处了,我发现别人跟我相处时,多了一样东西叫作:自在。

懂得和自己相处之后,对自己我多了一份自在,我接纳身边的所有事情,因此,别人跟我相处时,也自然而然变得更自在了。因为,他们知道我也会接纳他们身边的一切。

现在的我,十分珍惜相处中的停顿、不说话的时间,这种让双方都自在的感觉。

在没被填满的时间中,更能感觉到彼此之间能量的流动。

第 16 堂 调整好自己的 KEY

〔记下来〕

创造让人灵光乍现的奇妙时刻。

〔练习看看〕

1. 第一步一定要做好充分准备。
2. 回想与沉淀。

大学毕业工作一段时间后，我本来想出国念书，对于进入演艺圈并不是那么有兴趣。直到二十五岁那年小燕姐找我签约，我才真正踏入演艺圈，没想到就这样靠说话吃饭超过二十年。

二十年来我最大的收获是能一直与有趣的人一起工作，在经过主持、歌唱、演戏等多方尝试后，找到了自己明确的定位，现在的我懂得取舍工作，并且一直保持着对这个行业的热情。

每一次上场，我都希望以最佳状态呈现在所有人面前，那么，该如何在上场前调好自己的 key 呢？这些年来我领悟出了一些方法。

做主持工作时，意志力很重要。过去在上场前，有时候我必须要把气提得很足，但这往往会让我在工作结束后感到非常疲累——并不是穿着高跟鞋站两三个小时的那种累，而是全身虚脱的感觉。

十几年主持工作下来，我训练出了强大的意志力，可是我现在明白不要再用强大的意志力支撑，因为这会让我很累，也不一定能做到最佳主持效果。

我最近学会的方法叫作"静心"，这是调整 key 与频率最好的方法。

这几年我做得不错的活动，在准备工作期间，我的静心都十分规律，例如这周六晚上有一场粉丝见面会的主持工作，从一周前开始，我会在晚上花一段时间静心。

静心并不难，找个地方坐下来放空，把自己沉淀下来后，再思考要怎么做这个工作。

除了静心，我也会大量阅读这位艺人的资料，不管是相关的书刊，还是综艺节目、电视剧、CD、MV 等，我都会尽量全部看一遍。

活动前最后一周，开始做静心整理。

在大量阅读时，我已经知道自己对哪些片段印象特别深刻，可以作为我运用的元素。最后一周在做静心冥想时，我便回想这些片段曾带给我的感动，以及找出这位艺人究竟有哪些特质，让他如此独一无二、无可取代，并且思想该如何在粉丝见面会中运用出来，与粉丝做联结。

我相信，那些让我痛哭流涕的感动片段，同样也能感动粉丝，况且粉丝爱那位艺人在我百倍以上，他们不可能无动于衷，得到的感动一定比我更多。我只需要在活动中点出来这些感动，很快就能得到共鸣——"对！就是这个，我们之所以这么爱他就是这个原因，谢谢你说出我们的心声！"

最后一周的静心沉淀很重要，之前做大量阅读的功课也很重要。

前面的准备是打好地基与一层一层往上积累，后面的静心则是帮助我抓住说话的重点，以及铺陈活动进行的层次，哪个重点适合先说，哪个适合放到后面说。

更重要的是，在沉淀时我往往会看见那位艺人的闪光点，抓住那个闪光点再将它放大，通常能一语中的。

或者也可以这么说：静心能创造出让人灵光乍现的奇妙时刻，而这乍现的灵感，往往就是成功的关键点。

在韩国综艺节目《高校 Rapper》中，我看到"静心冥想调整呼吸"的最佳范例。

这些参加说唱比赛的高中生中，有一位选手在上一季比赛时还是个不起眼、表现普通的小胖子，但是到当季他整个脱胎换骨，与之前判若两人。

主持人问他为什么会有这么大的转变，他说："因为我最近在冥想。"

这位选手所写的歌词都非常有哲理，文字中呈现了对生活的沉淀与反思。

当我听到这位高中生选手说出他的作品的提升，其实是来自冥想时，我深受震撼！原来现在静心冥想可以用这么潮的方式传达，我也要加油，不能输！

第17堂 临场状况

〔记下来〕

把自己放在一个对的位置。

〔练习看看〕

1. 上台前调整自己的呼吸。
2. 把生命和生活放在工作前面，不勉强自己。

　　你可能也有过这种经验，不管是为了一场重要的简报、演讲、还是面试或讲座，明明在上场前一切都准备妥当，认为绝对万无一失，偏偏在上场前身心出了状况，导致正式上场时无法百分百发挥到最佳状态。

　　由于自己身心状态不佳而搞砸的经验，我也有过。印象最深刻的是高中有一回参加相声比赛，那天一大早起床就拉肚子，尽管前几天我准备得非常充分，但比赛时整个人的状态提不上来，最后输掉了比赛。

　　当时的我不懂，明明我没忘词啊，怎么就输了呢？我后来了解到这就是自己的状态不对，我没有把能量带出来，因此虽然一字不漏完成表演，但缺少了灵魂，精气神不足。

不管当天身心状况如何，现在我在正式上场前会先做一件事——调整呼吸。

调整呼吸能让自己的心静下来，把能量带上来，把自己放在一个最对的位置。

如果把自己放错位置会有什么样的后果呢？有的人可能上场后少了精气神，使得现场反应不如预期；有的人可能会过嗨，明明是一个需要沉淀的场合，台上的人却自顾自地嗨了起来，使得台下的人坐立难安。

除了当天突发的身心状况之外，有时候过度的消耗、过于紧凑的工作步调也会影响自己的能量。

我是个逼自己很紧的人，常常把自己搞得很累。刚出道的前五年，我几乎是 7-ELEVEN 全年无休，电视节目、电台直播节目、出唱片……忙碌的生活过度消耗了我的身心。这样的忙碌持续了几年，我开始觉得自己没有东西可说了，过去的消耗几乎将我掏空，而我又是一个自我要求极高的人，那个时候，我一点也不喜欢这样的自己。

我也可以用一些小聪明把工作做完，很多观众可能其实看不出来，也不在乎，但我总觉得用小聪明就能把事情做好，对我来说可能表示这件事情谁都能做，不见得需要我。

这些年，我开始不勉强自己，会适时给自己一段停顿的时间。

现在的我之所以接新闻性节目或是纪录片，是因为这些节目既是工作，也是学习，我把在工作中的学习当作一段停下脚步的时间，这样的工作不是消耗，而是再沉淀、再成长。

此外，我也给自己生活的时间。没有生活，我整个人会变得干涸，我需要留时间给家人和朋友，需要去探索这个世界，这些都能滋润我，成为我的养分。一旦我不再干涸，往往工作也能做得更有质量。

2015年，我做一个外景节目时泡到污水，由于免疫力低下而造成细菌感染，紧急入院治疗一周，出院后必须再休养好几个礼拜。当时我的心情慌乱无比，四处去查各种文献，甚至怀疑自己是得了癌症……

后来我才明白，其实过去我一直在错误地对待自己的身体——"疾病是身体写给你的情书"，这次身体给我的情书，上头写着：亲爱的，你好久没有正眼看看我了，你是不是该回过头来爱我、好好珍惜我呢？

现在的我不再和工作纠缠，把生命和生活放在工作的前面，不勉强自己接工作。当我转念之后，上门的反而都是我真心想做、愿意投注热情的工作，而且收入一点也没变少。你瞧，这就是身体跟生命给自己的肯定与反馈啊！

第18堂 不可预期的疗愈时刻

〔记下来〕

双方若能出现情绪同步与流动，这必定是一场愉快而舒服的对话。

与对话者之间情绪同步，那心领神会时刻乍现之际，永远设计不来，是如同奇迹般的疗愈时刻。

主持公视《艺文大道》时，有一回我访问风潮音乐的国际音乐总监吴金黛制作人，她带着原住民音乐专辑来受访，这一集节目的主题为"收藏土地最美的声音风景"。

我问吴制作人："你开始做原住民音乐的契机是什么？"

她说："我有个录音师朋友那时刚好缺人手，他请我去山上帮忙录些声音回来。当时我跟着一位部落长老走进一处人迹罕至的森林，长老跟我说：'当你在大自然中聆听声音时，就是在打开你心里那扇窗。'"

当吴制作人说到"就是在打开你心里那扇窗"时，不知为何，她那时在森林里看到的画面，竟在我眼前重现了！我不禁在心中呐喊："见鬼了！"在难以置信的同时，我的心在当下也被深深触动。

在我被触动的同时，我想我的眼神产生了变化。（看吧，这就是我之前说的，心里的画面会影响你的表情。）

更神奇的是，当吴制作人看着我的眼睛时，她知道我看到了那些画面！

这个与受访者彼此心领神会的奇幻时刻，我俩只差没有紧握对方的手，通过手心的温度，确认彼此得到了相同的感动。我和她按捺住激动把节目录完。

> 这种不可预期的美好，是现在我在主持节目时，或是与人对话时，最期待捉住的瞬间。

这个瞬间，带给我无与伦比的快乐与能量。

2018 年，我做腾讯纪录片《明天之前》几近半年，通过这部纪录片，我到世界各地去采访特殊职业或特殊际遇的人们，例如死亡医生、AI 性爱机器人、非法移民……而采访中南美洲的非法移民，也带给我同样的疗愈时刻。

我去采访那位非法移民妈妈时，她已经申请到暂时的政治庇护，过了美国边境，暂居于中途之家。这位南美移民带着她三岁的女儿，对我诉说她为什么要走上逃难的道路。

她原本在一个教会做义工，希望能帮助倡导青少年不要再吸毒、贩毒，不要进入黑社会。由于做了这些事，她被当地的黑道视为眼中钉，他们打电话到她家，跟她说：

"你如果三天之内不走，死的不是你，是你女儿，你自己好好想想！"

这位妈妈知道这些黑道人士什么事都做得出来，只好带着三岁的女儿逃亡，试图越过美国的边境。

逃亡路上，当遇到盘查时，恶劣的蛇头就把全车的人赶下车，要所有人躲在草丛中回避盘查，接着蛇头便把车子开走，让逃亡者们心惊胆战地在草丛中等待。由于无法得知蛇头何时回头来接他们，只能彷徨无助地等待着。

到了美墨边境时、、漫长再次把他们赶下车，说："我只能送你们到这里，你们自己想办法吧。"

这位妈妈看着边境，心里想着：我到底该怎么办才好呢？……

最后她决定：好，我要冲冲看！

于是她抱着女儿，对女儿说："你要抱紧我！"

当她对我说"抱紧我"这三个字时，我立刻进入了那位妈妈当时的状态。

一个没有回头路的非法移民妈妈，以自己的强大意志力抱着年仅三岁的女儿，鼓起勇气要冲过那条人为的边境线，而她们唯一能期盼的未来，就在边境线彼端……

在这个当下，我与那位妈妈的情绪同步了。

接着，她又跟我诉说了越过边境后到美国所受到的不人道待遇，以及当她决定要离开家乡时,心中就预备着可能此生再也无法与父母见面……如此种种,让我完全无法冷静,只能哭着把这段访问做完。

最后我握着这位母亲的手,对她说:

"不管别人对你做了什么或说了什么,他们都不能从你身上夺走你的勇气。而我相信你的女儿有一天会明白,你是抱着多大的勇气带着她逃离威胁,奔向一个可能有希望的未来。"

这种不可预期的疗愈时刻并不常出现,对我来说,它是我现在主持节目最期待的惊喜,也是让我继续主持工作的动力。

不只是访问对象,跟亲友聊天或沟通时,双方若能出现情绪同步与流动,这必会是一场愉快而舒服的对话,彼此都能度过一段美好的、满足的交流时光。

Chapter 03 话语的表面与背后各有意义

/ 走 出 困 境，重 新 认 识 自 己 /

第19堂 正面力量

〔记下来〕

寻找话语中的正面力量,是沟通中非常重要的一件事。

〔练习看看〕

1. 试着反馈对方的正面力量。
2. 尽量在工作现场完成交流,不带任何负面情绪离开。

真正好的沟通绝对是双向的。

自己的能量投射出去后,也得到同样的反馈。

我之所以喜欢做粉丝见面会,是因为知道我投射出去的爱,粉丝也会用同样的爱回报我。对台上的艺人我也一视同仁,我对艺人投射与粉丝同等的爱,艺人往往也会同等地回报我。

会让人觉得累的沟通,通常是一方拼命给予,另一方仿佛无底洞般全部吸收,只进不出。

只要吸收的那一方,愿意给予一些反馈给付出的那一方,那么双方就是有了交流,这才能成立好的沟通。

这也是为什么在《不可预期的疗愈时刻》这篇文章中,访谈的最后我要握住那位带着三岁女儿逃亡的非法移民母亲的双手,说那段鼓励的话给她听。是因为我不能光是吸收负面能量，并且把这些能量带回家，如果我能够把负面能量转为正面能量，并且说出口，这个访问才得以成为一个完整的交流。

虽然从那位母亲口中说出的是悲惨的故事，但我看到的是勇气。

在制作纪录片《明天之前》的过程中，我接收到各种不同的情绪，有的人充满愤怒，有的人满怀悲情……我不让情绪只是单向流动，而是尽量在工作现场把交流完成，不带任何负面情绪离开。

这就是做了这么久的主持工作，我至今还没让自己空掉的原因。每一次交流都让我充满能量。

> 寻找话语中的正面力量，对我来说是沟通时非常重要的一件事。

如果在沟通中只注意到对方的负面，心想对方只是在消耗自己的能量，这样很快地你就会开启自动防卫机制，不自觉地也向对方回击负面情绪。如果能试着去找到对方话语中的正面，并且抓住它，再将这个正面像回力球一般丢回给对方，这就会是一个好的沟通。

举例来说，那次对非法移民母亲做的访问，如果在结尾时我对她说："你真的好可怜，我真的好想帮帮你，告诉我，我能够怎么帮你呢？"

这不见得是那位母亲想听到的话。她想要的是被理解，想要的是这个故事被传递出去，鼓舞其他跟她有相似遭遇的人，而不是被同情。

因此，在那当下我能够做的，就是让她了解：我知道了。然后在她的故事中抽取最精华的部分，再如回力球般反馈给她。

在《不可预期的疗愈时刻》这篇文章中没提到的是，最后的最后，我跟那位母亲说："关于你的父母，我相信他们一定知道，他们把勇气遗传给了你，因为如果是你受到威胁，他们也会带着你去做同样的事。"

这片尾的彩蛋，希望也如回力球般，送给正在阅读中的你。

第20堂 别人的想象

〔记下来〕

话说得再漂亮也比不上别人的想象。

〔练习看看〕

每一次与他人沟通就像做实验，试着自己分析，观察别人也等于观察自己。

关于说话中的停顿，还有许多面向可谈。

我想再跟大家聊聊，有时候停顿也是让沟通的双方把想象填满的时间，你的话说得再漂亮也比不上别人的想象。

我很喜欢举一个例子来说明，为什么停顿也是想象的时间。

香港的陈可辛导演常常在他的电影中用老歌当主题曲，例如在电影《甜蜜蜜》里他用了邓丽君的《甜蜜蜜》，在《中国合伙人》里他用了Beyond的《海阔天空》，而在《金鸡》里他则用了陈百强的《一生何求》这首歌。

我总觉得陈可辛导演这种运用很聪明，这些歌曲都是经典，每个人可能都在这些歌曲中投射了某些回忆。当这些歌曲的旋律在电影中出现时，让观影者流眼泪的，不见得是剧情，也许是他们心中的回忆。

而当观影者心中的回忆与银幕中的主人公合而为一的时候，就达到了娱乐效果。

观看一部电影，无非是想大笑或大哭，释放心中的某些感觉。陈可辛导演深谙这种道理。

> 有时候说话时的停顿，是让对方能够更深入地观照自己的内心，跟你达成共鸣。

下一篇文章《在同一个频率沟通》中我会提到：语言有局限性，你说的快乐与我说的快乐，也许有程度上的不同。

可是"停顿时的空白"是无远弗届的。语言是往内缩，空白则是往外扩。有时候适度给对方空白，就是让对方自行去填满，而他通常会将自己觉得有用的东西填入空白。

或许你会说：要是对方把事情想歪怎么办？他会不会填入的是有害的东西？

当这种情况发生时，你可以再试着将对方的想法导正回来，也就是说：如果这段给对方的停顿用得不好，采不采用的决定权其实在你的手上。

多练习沟通，累积经验后，你会拿捏得越来越好。

在练习中，你会发现每一次与他人沟通都像是做个实验。你可以自己分析，为什么同样的话用在这些人身上奏效，用在那些人身上却行不通？分析过后，自己有没有能力做调整呢？

在给对方停顿时，也是观察对方的时间。

我总认为，观察别人就是在观察自己。

当我听着对方说他自己的故事时，我不只是听对方发泄，同时也在观察我自己：这个人的故事到底有哪些地方吸引我呢？哪些部分跟我的生命有共鸣？听到什么事会让我生气？为什么我会为了这件事生气？哪件事会触动到我，让我感同身受，想把能量传达给对方？……

> 其实沟通的最终还是回到自己的内心。与他人沟通，也是与自己沟通的过程。

每多一次沟通，就是多一次了解自己的机会。练习沟通，对我来说实在是个太好玩的游戏，直到现在我都乐此不疲！

第21堂 在同一个频率沟通

〔记下来〕

语言有局限性，每个人定义不同，所以调在同一个可以沟通的频率非常重要。

相信各位都曾遇到过跟自己明明不熟，却要跟你装熟的人。

你的感觉是什么？大部分人会觉得这个人说话很没分寸吧。

又或者明明是自己的熟人，那个人跟自己说话却战战兢兢、小心谨慎，让你心里纳闷：你是哪里不舒服？还是有求于我？还是你有高下之分，把你自己放得太低？

这也是一种没分寸的说话。

尤其在职场上，说话的分寸更是重要。

有些主管很爱开玩笑，但如果你真的跟主管勾肩搭背、称兄道弟，他会觉得你很白目甚至跟你翻脸。演艺圈尤其注重这种辈分关系。见到比自己资深的艺人，往往称兄道姐，在有些工作环境这么说话也许是没礼貌（听说在出版界不宜），但若在演艺圈，你不称兄道姐才是真正没礼貌!

因此有时候懂得正确称呼对方,也是一种说话的分寸。

在拍《明天之前》时,我也处理过同样的问题。

我访问过一位重度残障的英国女议员,她的全名很长,其中还包含了她的爵位。我的英国导演告诉我跟她破冰的方法,他说:"你进去后就问她,我要怎么称呼您?"

我问了那位议员该怎么称呼她之后,议员回我:"你不用称呼我的爵位,那太长了,用我的名字称呼我就行。"

> 这就是一种有礼貌的寒暄,是有分寸的说话方式,而且不会踩到对方的底线。

即使是同一种语言也有地域性的文化差异,更何况是不同的语言。这是语言的好玩之处,也是它的局限性。

语言之所以有效,是因为它的定义是约定俗成的。比方说听到"快乐",你就知道这是一种喜悦的心情,可是快乐还有分层次,是"狂喜的"快乐,还是"淡淡的"快乐?是看到日出的快乐,还是得到一千万的快乐?

不管是指哪种程度的快乐,只要说出快乐两个字,彼此就已经是在沟通了,尽管还没有沟通到最核心的地方——快乐的程度。

正是因为语言有局限性,每个人对它的定义不同,所以与其去深究话语中的意思,不如把彼此调在一个可以沟通的频率。

今天是要用爱交流?要来就事论事?要来谈感情还是谈跟钱有关的事?

谈论跟钱有关的事,其中就没有爱了吗?其实有没有爱,这个能量是可以读取得到的。

有时候过于斟酌字面上的意思,反而会误读许多讯息,毕竟即使是同一组词句,对每一个人来说里面可能有不同的回忆或含意。因此对我来说最准确的不是语言,对方说什么有时候不重要,"不说什么"有时候反而是最重要的。

我会去注意句子与句子之间的停顿,这个停顿特别重要。

出现停顿,可能是指:我给你这段时间,让你想想我刚刚所讲的话。另一种停顿可能是指:接下来我要说的话很重要,我要你专心。

有时候停顿也可以让你停下来观察对方的反应:观察对方有没有听懂自己说的话,需不需要再补充?或是说到这里已经可以告一段落了,接下来可以换另一个话题来谈。

停顿是一种强调的艺术,再次强调只要善用停顿,你的说话就会产生力量。

停顿也可以是一种调频的方式,觉得彼此频率不一致走偏了时,停一停,深呼吸,把频率调到你原本要的状态再重新开始。

第22堂 关键字延伸话题

〔记下来〕
挑出关键词这个方法，有时候还能够成为切入对方私领域的利器。

〔练习看看〕
观察对方说话时的眼神、语气、表情、现场的情绪，如果对方并没有认真回答，可以尽快转换到下一个话题。

为了拍摄《明天之前》，我曾到许多国家去采访。工作时不是使用中文，而是用英文与拍摄对象和当地工作人员沟通，这对我来说是极大的挑战。

有的访谈我可以百分之百了解对方在说什么，因为他们用的不是非常难的英文。有的访谈我可能只能理解六成，可是这六成教会我：要试着看到话语背后的意义。

这半年的拍摄工作，我仿佛脱胎换骨，学习到许多聆听的技巧，而且我理解到，有时候字面上的意义是谎言，更深层的意义藏在话语的背后。

听不懂的时候，我便观察受访者在跟我说话时，他本身处在什么样的状态。

他是用流水账式的方式说话？他真的了解他所说的话的含意吗？他说话时有多少热忱在里面？还是他只是希望你掏出口袋里的钱？

不需要通过逐字逐句去理解对方，而是穿过文字到字面背后，去看对方说话的眼神、说话的语气、说话的表情，或是他携带来现场的情绪——恐惧、伤心、失望、雀跃等等。

你还可以进一步观察，比方说如果对方表现出雀跃，这是真实的，还是只是撑起一口气佯装的？这些细微之处，其实仔细观察就能分辨得出来。

通过这些观察，我可以知道对方在回答某个问题时，他看不看重目前说出的话。如果我发现对方并没有认真回答问题，就赶快让他说完，转而进入下一个问题。

> 在无法完全听懂对方的话时，很有可能使对话中断，这时候，有一个延续话题的技巧可以运用——寻找关键字。

话语中的关键字，往往是对方想说的重点。也许对方说了一百句话，但其中九十九句都毫无意义，只有一句话是对方真正想说的，这就是关键字。当它出现时，你会发现对方把语气加重在这里，那就是了！

除了加重语气，有时候关键字在一段话之中听起来会特别突兀。比方说对方所说的一百句话中，充满了喜乐、平和与爱，突然出现了一句频率往下降的话，仿佛带着点埋怨，与之前的喜乐不搭轧，就把这句话挑出来，再以这句话为关键字来提问，这句话通常是打开下一个话匣子很有力的工具。

对方会意识到："你挑出我的语病了！"他会想要进一步解释自己为什么说出这句突兀的话。

或是其实对方有时根本没有发现他说的话无意间透露了藏在潜意识中的本意，当你点出来后，他也得到了一个重新检视自己的机会。

> **而挑出关键字这个方法，有时候还能够成为切入对方私领域的利器。**

举个例子，《明天之前》的受访者中，有许多是科学家，他们习惯用一堆理论或实验陈述想法，事实上，我想进入的是他们的人生。

其中有一集的主题是"人类永生，长生不老"，我去访问了哈佛医学院的巨擘乔治·丘奇（George McDonald Church），他在研究能够让癌症消失的基因编辑工程，以及罕见疾病的治疗。如果真能将癌症与罕见疾病消弭于无形，人类的平均寿命又能更为延长。

乔治先生有嗜睡症，他有时候走在路上可能就会突然睡着，因此他没办法骑车,更别说开车。但他进入嗜睡状态时,就进入了灵感梦境,清醒时百思不解的题目,当他倒下入睡后,会突然得到解答。

由于去采访乔治先生时刚好是中秋节前后,我送他月饼作为见面礼,他说:"真巧,我太太是从中国台湾来的。"于是我从他的话语中找到"台湾"这个关键词,不断把话题往下延伸,我听到了一个惊人的事实——他是《未央歌》作者鹿桥先生的女婿!

正是这个由月饼开启的情感联结,拉近了我与受访者的距离,让访问不断升温,增加纪录片的可看性,而不是只充斥着硬邦邦的医学用语。

想要打开话匣子,有聊不完的话题,寻找话语背后的意义以及寻找关键字,这两个好用的技巧,不管在工作或私领域的沟通中,都是十分有用的工具。

第 23 堂　灵活

〔记下来〕

随机应变改变话题，可以让说话更灵活。

〔练习看看〕

1. 临场用闪光点来找问题。
2. 与受访者情绪同步。

拍摄《明天之前》带给我太多难忘的经验。其中有一集主题是"AI性爱机器人"，我访问一位国际象棋大师、作家、AI机器人专家大卫·利维（David Levy）。他在2007年出版了一本名为《与机器人的爱与性》(*Love and Sex with Robots*)的书，书中他预言，人类在2050年时可以与机器人结婚，甚至可以生小孩。

之所以跨足AI这个领域，是因为身为国际象棋冠军的他，曾被人工智能给打败。想打败敌人就得研究它！凭着这个信念，他一脚踏入AI人工智能的研究，成为一位知名的理论型AI专家，真是一位做什么像什么的奇人。

当他一走进采访空间，我注意到一件事。一般受访者走进来，通常会先拿出手机，把手机调成静音。这位奇人也这么做了，只不过他拿出来的不是智能手机，而是一部诺基亚手机！

这个画面对我而言太有冲击性了！因此让我临机应变做了个调整：我把开场的提问全部修改了。

> **像堆积木一般，一层一层往上累积，成为日后应用在我工作与生活中的宝贵经验值。**

第一题我改问大卫先生："我刚刚注意到一件事，您用的是诺基亚手机，但您研究的是 AI 人工智能，这有些超乎我的理解。"

他用十分冷静的语气回答我："因为我想多留一点时间给我自己和我的家人。"

依据他的回答，我继续切入关于他这个"人"的层面，而不是我丢给他一个学术性的问题，他再丢回给我学术性的答案。

而这些学术性答案，在如今强大搜索引擎的帮助下其实不难查到，我之前在为访谈收集资料时就已经读过。

这灵机一动修改的问题，让这位 AI 机器人的专家，能呈现更多他的独特性格在观众的面前，他整个人在访谈的一开始就放松了，使这个访问变得更灵活。

后来大卫先生谈起他的家人，说起他的睡眠状态，等等。他从一位严肃的学者，转变成一位深爱家人与生活的和蔼长者。

这现场临机应变的反应，并不是访问大卫先生当下就学会的技巧。之所以能实时发挥，要感谢主持公视《艺文大道》这五年带给我的磨炼。

一集又一集的训练，像堆积木一般，一层一层往上累积，成为日后应用在我工作与生活中的宝贵经验值。

在这五年中，我访问过数百位艺术家，每一次访问都是深度访谈。有时候只访问一位来宾，有时候来了几位甚至整团来宾。来宾的状态有好有坏，我必须视情况临场应变。

如同长跑，跑步里程的累积等同于能力的增长，《艺文大道》数百次的访谈也累积了我的能力。

虽然电视节目的企划会在每集节目之前准备好访谈提纲给我，访纲中的问题通常是童年、求学经历，为何进入这个领域，介绍作品等基本问题。如果要使节目呈现得更精彩，只靠这些基本问题并不够，主持人必须深入受访者的灵魂，将他们的独特之处挖掘出来，让观众看到受访者更有人性的一面，而不只是介绍其作品。

因此，我往往是临场找问题，从受访者的应答中发掘闪光点，并将之放大成节目的亮点，让《艺文大道》不只是一来一往的访谈，而是成为不断闪现灵光的好看节目。

甚至有的时候，我还能与受访者的情绪同步，获得极大的反馈与满足——一如我在《不可预期的疗愈时刻》中谈到的访谈经验。

我能一直在主持工作上兢兢业业、不觉厌倦，或许正是为了能持续与这种美好经验不期而遇吧。

第24堂 示弱不是坏事

〔记下来〕

不要觉得自己被打败,也不需要把错全揽在自己的身上。

〔练习看看〕

1. 放下每次沟通都得成功的执念。
2. 不"膨风"自己的能力。

如果针对"在沟通中最怕碰到的场面"做问卷调查,"尴尬的场面"应该会名列前茅吧。

我做了超过二十年的主持工作,有时候还是会面临尴尬场面,例如做《明天之前》时,我曾去伦敦访问一位医学界的博士,想跟他请教与安乐死有关的议题。

在访问时,我全身冒冷汗,感觉汗沿着背脊不停往下流。这是因为虽然这位学者说的英文,每一个词我都听得懂,但串起来我无法理解他在说什么。

但我却坐在他面前采访,旁边还有工作人员在拍摄。

当这位学者说完一长串话之后,我发现我无法从他的话语中挑出关键字来问下一个问题!

在那个当下我慌了。于是下一题我问得磕磕巴巴。

访谈结束之后，我感到非常沮丧，我走过去跟翻译说："我觉得我刚刚的访谈做得很烂，很抱歉。"

翻译对我说："宝仪，你不用在意，有的人就是喜欢掉书袋，就连我也听不太懂。"

翻译的意思是，英文可以有很多种选择，可以平铺直叙，像对小朋友说话般一句一句让他明白，也可以说了一个句子之后，后面再接一大串话来解释前面那个句子，但最后又来个否定句，推翻前面所说的所有话，把英文搞得像迷宫一样。而我就是被困在这座迷宫里了。

后来连英国导演也安慰我说："有时候我们也会被绕进迷宫里，你做到这种程度就可以了。"

对方毫不顾及英文不是我的母语，仍然选择用深奥的英文跟我说话，这让我明白一件事：有时候先示弱不是一件坏事。

在接下来的采访前，我会先跟受访者说：

"英文不是我的母语，因此我待会儿问的问题如果你听不懂，或是我用错了词，请你让我知道，我会重新再问一次。在这里先说不好意思。"

我先示弱了，而大部分受访者都会体谅这一点，让访问顺利进行。

> 如果你说话是为了沟通，就不要挑起战事。

你是来聆听别人心里的话，就要让对方用最轻松的方式把话说完。

如果对方反客为主，也不需要沮丧，有一个方法是：让自己消失吧。就让对方把想说的话说完，有时候，对方把话说光了我们才有乘虚而入的机会。抑或，其实你也只是得到了一个放下的机会，放下那个每次沟通都得成功的执念。

不管是私人的沟通或是公开的沟通，甚至是演讲与表演，都会有失败的时候。

遇到这种情况时，自己先理性地理清这次沟通不良到底是谁的责任。

比方说，我在主持颁奖典礼时把某某先生说成某某小姐，这绝对是我的错。或者我开了一个玩笑，大家都笑了，我收到效果，但伤到了某人，这也是我的错。

如果是有人力求表现拖长时间，影响了现场流程，那就适时提醒时间差不多了即可，这个就不是主持人的错。

> 不要觉得自己被打败，也不需要把错全部揽在自己的身上。

尽量把准备做足，不"膨风"自己的能力，在沟通现场遭受到挫折时就可以迎刃而解，并且跟沮丧说：你慢走，我不送！

第25堂 认清主角是谁

〔记下来〕

话多并不代表你存在。

〔练习看看〕

先了解自己该用什么样的频率与能量说话。

遇到不会看场合、滔滔不绝说话的人,你会有什么反应?大部分人心中的想法应该是:也不看看这是谁的主场,话到底说够了没啊!

即使是去参加别人的丧礼,职业病使然,尽管是在哀戚的气氛中,我还是会偷偷观察主持人。

不管是喜事还是丧事,都要认清主角是谁。丧礼不容易主持,要先弄清楚这场丧事是为过世的人做的还是为活着的人做的,这两者的差别极大。

做主持人得认份,话说到份上就好。我们最常在婚礼中看到反客为主的主持人或是证婚人话超多,多到台下的宾客都失去耐性。

为什么有些人话会过多?因为他想证明自己的存在。

但是，话多并不代表你存在。

话多的人通常有种不安全感，当占用的时间够长时，自己就会变得重要了。因此我觉得谈到沟通，必须先往内看，当你看清楚自己之后，才能做出有效的沟通。这样你就不会说错话，也会懂得看场合说话。

举例来说，如果我是证婚人，我要先弄清楚自己跟两位新人的关系，我的话能说到什么份上。我必须先观察，是新娘想要这个排场呢，还是新郎的家人需要这个排场，再决定要把局做给哪一方。

从礼金谁收得多，哪一边的招待桌客人排得长，许多细节可以观察得出来。

致辞时，我就知道主要可以对哪一方说话，但也不能忽略另一方的心情。重要的是，要把自己缩得很小，因为这是别人的婚礼。

同样地，不管是粉丝见面会还是记者会，都是别人的。

主持人要懂得自己扮演的角色，沟通也是一样。

在跟别人沟通时，如果你把自己不断扩大，很多时候是因为自己没有安全感使然。由于太想证明自己的存在，于是不断以"我"为发语词，让对方只能不断听你说话，这种沟通方式，只会让听你说话的人觉得不舒服甚至厌烦。

若从聆听者的角度来看，聆听者往往会心想：你要不要先处理好自己的问题，再来跟我沟通呢？

以为自己是来沟通的，其实只是想被摸头，就算遇到能够一边摸摸你的头，一边对没有安全感的你说"你很安全，我很爱你"的好人，平抚了你的不安，也不见得能解决原本你想来沟通的问题。

不安全感来自内心。就算对方真心说你美，没有安全感的人也会觉得："这应该是在说反话吧。"许多自我质疑的声音在其内心缠绕。

那么要如何才能站对沟通的位置？先了解自己该用什么样的频率与能量说话。

想要扮演一个幽默的人，还是一个有点严肃的人？就像演戏一样，同一句话可以说得有点嘲讽意味，也可以说得有些哭腔，那么哭在哪个字可以最扣人心弦？或是把话说得有些笃定，那么要强调的重点是什么？重音要放在哪里，更可以把话说得充满喜悦？……表达喜怒哀乐有各种层次。

演戏有剧本，但人生没有剧本。人有各式各样的选择，而要扮演何种角色，你可以自己决定。

第26堂 练习换位思考

〔记下来〕

转移焦点,用其他角度来看同一件事。

〔练习看看〕

1. 别只用一种角度看事情。
2. 别自顾自地说话。

除了做主持,我还当过歌手、当过演员,因此我采访过别人,也接受过采访。我很幸运有机会尝试各种不同的工作,了解每一种工作角色的感受。例如当我接受采访时,面对自顾自地说话、完全不管受访者说什么、对受访者一点也不了解的主持人,当时我有多么如坐针毡,甚至感觉自己受到了伤害。我也遇到过不熟装熟、一心挖掘八卦、完全没有礼貌的主持人,当下带来的可能是愤怒,但也给我一个很深的体悟:我不要成为这样的人。所以这么多年来,我一直有个座右铭:我不会为了五分钟的访问,坏了一辈子的交情。

主持人与受访者之间的沟通单向化,使得受访者感到不被尊重。日常的沟通也是如此,当坐在你对面的人不断说着自己的事,你一定感受得到他只是来说他想说的话，不一定是真心想得到你的建议。

演艺工作早期的各种角色扮演，让我了解到"换位思考"的重要。

主持人这个角色，不该是拼命说话的人，而是要听别人说话的人。

2019年年初，我做腾讯新闻的春运直播节目《回家的礼物》*，直播第一天是我们与一位老师连线。这位老师有个学生刚失去了母亲，学生才八九岁。老师观察到这个孩子在失去母亲后虽然看起来开朗，其实在人群中变得退缩了，甚至在日记中写下了沮丧与仇视的语言，字里行间充满了失落感。老师希望能通过《回家的礼物》的连线，送给学生一份来自陌生人的温暖礼物。

我与这位老师连线时，我问他："老师为什么觉得这一定是一份来自陌生人的礼物呢？"

老师说："我想让这孩子知道，他还是能得到来自陌生人的关心的，不需要把自己封闭起来。"

---

* 编注：《回家的礼物》是腾讯新闻每年在春运期间，连续五天，每天十小时的直播节目。2018年，我一连五天，跟着不同的火车去采访火车上回家的人们。2019年，是在摄影棚跟不同地方、不同车站及机场的人连线，然后掌控棚内现场发生的故事。除了春运的直播之外，最重要的是聆听回家的人心里的故事。如果可以的话，为他们送上最想带回家的一份礼物。

访问结束之后，我说："我真的很希望能够成为给这个孩子人生转折点的陌生人。在我们的生命中，或多或少都有陌生人扮演过转折点这个角色，现在我们有能力做这样的事。"

那天直播的最后，我们安排一位来宾去给那个失去母亲的孩子送礼物，不知为何，当时我突然有了一个灵感。

大部分人都会把焦点放在小孩子很脆弱、没有妈妈的孩子很可怜这些事情上，但我跟那位去送礼物的来宾说：

"如果你真的去给孩子送礼物，可不可以也给他的爸爸一份礼物呢？因为他也是刚刚失去了他的伴侣。"

> 我们常常把焦点只集中在一件事情上，事实上事情会有各种不同的面向，所谓换位思考便是转移焦点，用其他角度来看同一件事。

一开始大家一定会把焦点放在孩子的情绪上，最基本的换位思考是你可以问自己：如果我在九岁时失去了妈妈，我会是什么样的心情？

同一件事可以换许多不同角度来看待。例如失去母亲的孩子的故事中，还有一个角色叫作父亲。人们通常以为大人的疗伤能力比孩子好，而忽略了去关注大人。因此我很快地从孩子的角度，再转移到父亲的角度上。

别只用一种角度看事情，以及自顾自地说话，如果你总是把别人当成"树洞"，如何能建立起双方的关系？尝试在各种对话中练习，有一天你会发现换位思考并不困难，你能转换得越来越快速、越来越自然。

Chapter 04
维持沟通的初衷与开放性

第27堂 在言语中给人鼓励

〔记下来〕

每个人都需要被鼓励，带着鼓励人生走得更长久。

〔练习看看〕

1. 闪光点藏在日常生活中。
2. 为小事狂喜。

我非常擅长在别人的生命中看到闪光点，而且十分热衷于在言谈中给人鼓励。

当我看到别人生命中的闪光点，我会抓出来，再用具体的言语告诉并提醒这些人：请你不要忽略这个闪光点，要继续坚持下去！

每个人都需要被鼓励，人们会带着这些鼓励在人生中走得更长更久。

这种能力我从年轻时就拥有，经过一点一滴的历练，在一次又一次的工作中，运用得越来越自然纯熟。

例如主持艺人的记者会，我会抓住这位艺人的优点，把焦点放在优点上，再"大书特书"；又例如在介绍某一样商品时，我会快速找出这样商品的特点，再用言语传达给阅听大众。

懂得发掘人及事物的闪光点之后，你会发现跟人交流与沟通变成了一件愉快的事。不只是身边的亲朋好友，对于陌生人我也不吝啬给予鼓励。对方开心，往往我自己也跟着开心起来。

比方说，一位朋友坐在我面前，不管交情深浅，我发现他今天看起来特别美、特别有精神。我会说："你今天好像整个人在发光，连身边的空气都不一样了。"这样一说，对方被鼓励了，我当下的心情也会跟着美好起来。

在餐厅里遇到真心了解自己餐厅特色、也为顾客着想的服务生，坐出租车遇到专业的司机，买东西遇到明白商品特色、对客人也进退得宜的店员，即使是一期一会的陌生人，我也从不吝于表达我对遇见他们的感谢。

发掘别人的闪光点，同时也代表你不是只把对话的焦点放在自己身上，对方会认为自己被你认真看待了，而愿意与你继续沟通，建立更进一步的关系。这是因为对方心里会这么认为：我喜欢在你面前的我的样子，你总是能激发出我最好的一面。

当然在你表达欣赏时，态度的真诚十分重要，不能把别人没有的优点说得煞有介事，那样对方也会发现你只是为了称赞而称赞。

> 每个人都需要被鼓励，人们会带着这些鼓励在人生中走得更长更久。

总是看到别人缺点的人，这种人活得多痛苦啊！只看得到别人缺点的不快感，一定会回荡在自己的心里，因此，总是挑别人毛病的人，通常也不会是个快乐的人。

而不断挑出他人的缺点，有一天你会发现，身边的亲友怎么离自己越来越远了？

乐于给人事物鼓励这件事，从另一种角度看也许是：我是一个很容易为小事情而狂喜的人。

闪光点就藏在日常生活中，我往往会发现它们。

一碗煮得很好吃的白米饭，飞机从头顶上划过天际，公园里某一棵姿态万千的树，与某个人对话而忘了时间，收到友人的情意与礼物……我真心欣赏这些生活中微不足道的小事，它们带给我源源不绝的狂喜。日子，每天都过得开开心心。

不要把爱局限在狭隘的爱情或亲情上，所谓爱，藏在万事万物之中。真心地去爱这些被你发掘到的闪光点，你会发现，所有人都开始愿意靠近你了。

不需要等待爱，让自己成为爱的同时，你也得到了爱。

第28堂 思考说话的目的

〔记下来〕

这个世界的沟通,都以爱为开头,以爱为结尾。

〔练习看看〕

想一想你之所以沟通,是基于恐惧,还是基于爱?

为了要达成有效沟通,我想进一步谈,沟通前先思考说话目的也十分必要。

今天这次说话只是想炒热气氛?还是想要引导主题?或是想要得到结论?……每一次的说话必定有个目的,要先意识到这个目的是什么,尽量避免无意识地说话。

当然有时候与朋友一起闲聊是种很疗愈的事,有时候乱聊也能聊出一朵花。若你希望今天的谈话能达到某种"质量"、达成特定目标,先想好这一次沟通的目的,是省略不了的步骤。

假设你想得到的是健康信息,也许可以先从身边朋友的健康状况或是自己的健康状况说起。渐渐地,听你说话的人就会开始投入你的话题中,给你想得到的健康信息。

有时候，得到的信息还会超乎你的想象，比预期的更多。

比方说，你想解决胃痛的问题，谈着谈着你会发现有胃痛问题的人比你以为的还多，而且每个人都有独到的治疗秘方，甚至他们都曾遇到过治疗胃痛的名医……每个人都有共同经验，当你有目的性地聊出来后，这些经验就成为大家的共识了。

假设今天是朋友来找你，希望你能给他一些支持的力量，你明确知道这次沟通的目的就是"鼓励"，便以此定调。

以"鼓励"这个目的为前提，就必须不时检视你的话，别偏离鼓励太远。不要说带有心理暗示的负面词语，而是要在每一句话中多用正面的词语。

例如，不要说"你不贫穷"，而是说"你很富有"。

有时候，对方会带领你偏离原本定的调，他会说出许多负面的话，让你越听越生气，这时候心中难免想："我都说了这么多鼓励的话了，你怎么还这么负面啊！"

但你还是不能忘记刚开始坐下来对话时的初衷：鼓励。

如此一来，你就能摆脱对方的影响，时时刻刻记得检视自己的话语，不要偏离主轴。

你会发现，如果你自始至终都秉持着谈话的初衷，朋友离开后就会把他的负面情绪全部带走，不会留下一丝一毫给你。

再假设现在要决定演讲的主轴，你可以先思考：今天这场演讲，我想要带给大家什么呢？

以我主持粉丝见面会为例，如果我定调的主题是"感恩"，那么就找时机好好传达感恩。何时该感谢台上的艺人，何时该让台上的艺人感谢台下的粉丝。当"感恩"这个主题在活动中不断出现时，它就会成为一个贯穿活动的轴心。

引导性的谈话也是同样的道理。

假设你今天想要教会小朋友"规矩"，那么不管在小朋友玩游戏时，或是在你跟他互动时，你都不妨先跟小朋友定调说："今天我们玩的游戏叫作规矩哦。"

接下来所有的互动都围绕着规矩走，直到结束。最后你也要检视自己：我自己是不是也有遵守一开始定下的规矩呢？

> 这些年来，我最常提醒自己的沟通初衷是爱。

我希望我的沟通，我身边的沟通，甚至是这个世界的沟通，都以爱为开头，以爱为结尾。

如何检测你说出来的话是富有正面能量与爱的？

有一个很基本的标准是：你可以检视里面有没有恐惧。

你之所以沟通，是基于恐惧，还是基于爱？

比方说，身为父母的你想对孩子说明读书的重要性。

你可能会说：如果你现在不读书，将来你就会无法在这个社会竞争，找不到工作，然后就赚不到钱，流落街头，落下一个被人瞧不起的悲惨人生。

这里面充满了恐惧。

恐惧被这个社会排挤，低人一等，无法得到尊重，没有经济优势。

但是，如果是基于爱，你可能会说：读书可以扩展你的人生经历，让你有更广的眼界，让你有更多的工具可以跟这个世界接触，让你得以有更多美好的体验。

更进一步，你想让自己说的话更有说服力时，你自己也身体力行，让孩子在你身上看到你把自己说的话做出来了。让他明白你是真心相信这个道理，你也因为读书成为一个更快乐的人。于是你可能甚至都无须言语，孩子在耳濡目染的情况下，自然而然向你学习。

我们常说"勿忘初衷"，或说"贯彻始终"。这在有目的性的沟通过程中必须要抱紧不放，别被人牵着鼻子走偏了路！

第29堂 维持沟通的开放性

〔记下来〕

在沟通中说真话,因为对方会听出你的不真心。

〔练习看看〕

想一想在沟通中自己扮演的角色。

前一篇《思考说话的目的》,我跟大家谈到沟通前可以先定调谈话的主轴,并且试着在沟通过程中不忘初衷,并不时检视自己的话语是否偏离了主轴。

这里我想谈谈,除了不忘初衷,同时也给沟通的成果一种开放的心态,因为有时候到最后会聊出主轴之外的新收获。

比方说,此次谈话的主题是聊八卦,最终的收获却是"疗愈"——聊八卦的过程不仅疗愈了对方,也疗愈了你自己。

我的朋友常跟我说:"每次我跟你聊完天都变得好乐观哦。"

有段时间朋友常来找我:"宝仪,我们该聊聊了,我最近有些疑惑。"

每一次跟朋友聊天我都会尽量做到一件事:下次你还会想再见到我。你会记得我带给你的笑声,带给你的正面思考,以及记得我带给你的快乐。

我会在谈话的最后留下余韵，而这个余韵便是沟通的开放性成果。在和朋友对谈中不偏离主题，为朋友分忧解惑，并且在最后留下让彼此回味再三的收获，这样朋友感到豁然开朗，自己也感到开心。

这种沟通方式对我来说，就是所谓的"人缘"。

人缘就是你在他人心中的顺位排得很靠前，甚至一有什么事，无论好事坏事，他们第一个想分享的人就是你。

> You are what you say !

对我来说，沟通最忌讳泼别人冷水，但也不是漫无目的地正向鼓励，而是要在沟通中说真话，因为对方听得出你的不真心。

说对的话，以及说好的话，十分重要。此外，要在沟通中挑选适合自己扮演的角色。

以我为例，如果要我扮演一个温柔的沟通者，那会像穿错衣服尺寸一样让我觉得很不自在。在了解自己之后，我发现最适合我的角色是幽默的、有正能量的沟通者，一旦给自己的角色定了调，就要多多练习，扮演好自己的角色。

也许有人说，我最想扮演的是尖酸刻薄的角色，那也行，但是否能把尖酸刻薄演得更高端大气上档次呢？如果把尖酸刻薄演成拼个你死我活，那么沟通就变得一点也不有趣，也不讨喜了。

润饰一下自己说出去的话吧，让对方觉得原来尖酸刻薄的人说话也可以这么有趣，同时你想传递的尖酸刻薄的讯息，对方也能确实收到，这也是一种沟通的艺术。

也许又有人说，我这个人说话结巴、大舌头，又不善言辞，任何一种沟通者角色应该都无法扮演好吧。其实你可以扮演"脚踏实地的诚恳者"这个角色。

> 说话诚恳的人，谁都能接收到你的讯息。

只要选对适合自己的沟通角色，你就有站上舞台的一天。You are what you say！选择最像你会说出的话，也就是越认识自己越不容易说错话，也越容易把话说好。

书中的第一章提到的认识自己的几个方法，是我这些年来的领悟，也帮助我找到了更明确的定位。

如果现在的你对于什么是适合自己的沟通角色很疑惑，不妨跟我一样先走回内心，反复检视，你也会懂得在沟通中站在属于自己的绝佳位置。

第30堂 沟通没有 SOP

〔记下来〕

每个人的"质地"不同,沟通也就不同。

〔练习看看〕

1. 创造话题。
2. 引导话题。

主持公视《艺文大道》时,我大部分的访问对象是各领域的艺术家,而不是明星。

艺术家通常很少上电视,当他们刚开始坐在我面前时,我往往可以看出他们的状态:有点紧张,有点局促,或是有点不安。

那么要如何舒缓他们的紧张,打开他们的话匣子,引导他们进入访谈中呢?这时候我会用这种说话方式来暖场:

"有点紧张哦?告诉你,我比你更紧张,因为接下来你要说的话都是你最擅长的事,都是你做了一辈子的事情,而我对这个领域一无所知,所以请你把我当白痴一样教吧!"

听了这段话,来宾通常会被我逗得很开心,而且他们会发现:没错啊!我对接下来要说的事很有信心,又是我很喜欢的事,那么我有什么好紧张的?

当我做完这段暖场后，他们往往会变得没那么紧张了，而愿意敞开心胸跟我谈话。

五年时间，与数百位艺术家进行深度访谈，这使我更了解人的"质地"。

这些受访者坐在我面前，对他们来说，跟我说话是必须为之，不能在访谈中随意起身走人，而我的工作就是去引导他们说话。

> 我发现，同样一个问题，在面对不同受访者时需要用不同的方式切入。

有的受访者是我必须先把自己丢进问题里，甚至要把自己丢到谷底，受访者才能踩着我往上谈。

有的受访者就算平铺直叙地采访，他自己也能说出一朵花来。主持人说得太多，反而妨碍了他。

有的受访者很能把自己丢出来，这时候我也必须把自己不断丢出来，跟他说我曾经经历过什么事，以引起他的共鸣。一旦产生共鸣，他便能掏心掏肺地侃侃而谈。

有的受访者则是有备而来，他们只想说自己准备好的话。如果他们只想说 A，而我问的是 B，他们还是会先把 A 说完，再来回答我问的 B。那么我便了解到这种受访者不管做任何事，都希望在自己的计划之内，他们的中心思想不容被偏移。

有的受访者则是十分随兴，什么都能跟他聊，遇到这种来宾会非常好玩。

日常中的沟通也是如此，我们不时得创造话题与引导话题，常常会遇到以上各种说话情境，也必须视对方的"质地"来说话。

与主持工作不同的是，日常沟通中的任何一方都可以随时离开，不像节目受访者必须坐到最后完成受访的任务。

因此，人与人之间的沟通，对我而言挑战性更大。

跌跌撞撞学习沟通这么多年，在这里分享的是我一路走来的体验，这些体验绝对不是 SOP，毕竟不仅每个沟通对象的质地不一样，即使是同一个人，今天的他跟昨天的他也会因为每一个当下的情绪而有所变化。这里的分享更像是一种触媒，我更期待你们能在沟通的学习中开出属于自己的花。

第31堂 回到「我是谁？」

〔记下来〕

认识真正的自己，开始懂得取舍想做与不想做的事。

〔练习看看〕

1. 别人没有问，就不要说。
2. 成为一个所有人都愿意靠近的人。

入行以来，我花了二十多年时间学习说话与表达。

近年来我渐渐意识到，有些事情我不能再做了，因为我已经不是原来的我。比方说以前我常常会插科打诨，做一些搞笑、娱乐大家的事，例如不停说笑话，渐渐地我感觉到，娱乐大家之后，我的心反而感到十分空虚，我意识到：这似乎不是我想做的事。

如果从工作来看，有些工作做完之后会有一种充实感，自己会感到开心，能够再三回味；有些工作则像用完一次就丢的免洗筷，做完之后没有任何余韵留在心中，那么我为什么要再做这类工作呢？

我想要做可以回收能量的工作——把工作能量消化完了之后，还能产生别的能量去做别的事情。

以上种种想法的转变，并不是刻意为之，而是与我个人的历程有关。

2010年到2011年这两年，是我人生很大的一个转折点，也是我人生的低潮期。

这其中对我打击我最大的事，是我爷爷在2011年离开了这个世界。

过去的我依照家人的期待而活，考上好大学，工作做得有声有色，有机会到来就接住，埋头苦干，把人生活成一个流水账。

爷爷尤其以我这个孙女为荣，他在家总是开心地把我的节目录下来，报纸只要刊出我的报道，就会剪下来贴好整理好。

他去世的那一刻让我看到：我如果无意识地重复过去做的所有事情，完全没有意义。

> 我把自己打破，再重新修补回来。

那是因为，已经没有人真正在乎我做的任何事了，而我也没有那么在乎我做的任何事了。

那么，我要做给谁看？如果都没有人要看，又为什么要做？

我过去的人生价值观彻底崩解。

换个角度来说，我发现我从来没有认真建构过属于自己的价值观。

如果活了三十几年，我都不是我，那我到底是谁啊？

我跟自己说：等一下，到底哪里出了问题？我不能再这样下去了。

爷爷的葬礼一办完，我先飞去阿姆斯特丹，再去阿拉斯加看极光……能走多远我就走多远，工作也停摆了好几个月。

那时候，我的心空了一大块，找不到可以填补的东西。

"我是谁？"是空虚的心中最大的疑问。

我把自己打破，再重新修补回来。我问自己：你最想做的事是什么？

渐渐地，我开始往内看，去真正认识我自己。我开始懂得取舍想做与不想做的事，找到我有热情的事，开始明白别人的功课不等于我的功课，当然，我自己的功课，一旦察觉到就要立刻去做。

更重要的是，成为一个所有人都愿意靠近的人。

我已经在朝这个方向努力了，相信你也愿意。

第32堂 沟通不是说服

〔记下来〕

尊重彼此的独特性，再一起找出共识，创造出双赢的局面。

〔练习看看〕

1. 看看对方的反应。
2. 对方想谈什么事？
3. 对方的兴趣是什么？
4. 对方用的语汇是什么？

许多人在与他人沟通时，常是在试图说服别人，但用"说服"来使对方同意你的观点，你会发现往往无法奏效。

真正好的沟通，是尊重彼此的独特性，再一起找出共识，创造出双赢的局面。

为了纪录片《明天之前》我做了许多采访，从中我学到一件事：也许我无法完全认同对方说的话，但是我尊重对方的存在，也尊重对方的价值观。对方也不必说服我，对方只是告诉我"这个世界原来存在着这种人，而大家彼此可以相安无事"。

一段又一段访谈，让我了解到世界上有各式各样的人，只要对他人对世界无害，我们无须去削减每个人的独特性。

如何得知自己正在"说服"别人呢？从对方的回应就可以得知。

如果对方给你的是拒绝的反应，或是对方根本没有在听你说话，这就是一次单向的沟通。

好的沟通不是自己先说话。我会先听对方说话，从话语中了解对方在这场沟通中想谈的事是什么？对方的兴趣是什么？对方用的语汇是什么？

举个能让各位简单理解的例子，我在《聆听的能力②》这篇文章谈到过，和家人进行家族旅行时，我们在车上最常玩的游戏是词语接龙。

一起出游的家人中，年纪最大的两位分别是六十五岁与六十二岁，最小的是八岁，位于中间的我、表妹与表妹夫，则是属于四十岁这一代。

考量到参与游戏的成员分属不同年龄层，我们将规则放宽到只要说出两个字的词就行，接龙的词也可以是同音不同字，但不能用叠字以及词语最后一个字是"子"，因为以"子"开头的词语实在太少了，这会让游戏进入鬼打墙的境地。

那么，游戏开始！

在玩这个游戏的过程中，我观察到几个线索：每个人都有自己的惯用词汇；从词汇中可以看出每个人关心的领域是什么；从词汇中能看出每个人使用语言的深浅；有的人偏向使用悲观的词汇，也许能判断这个人最近过得不是很好；还可以试着把词汇埋在游戏中，让小朋友听到这个词，再趁机教小朋友这个词的意思，让小朋友在日后懂得运用……

游戏中，我的表妹夫一度由于想不到可以接龙的词，情急之下脱口而出："嗽精！"这个跟"受精"发音相似的词让所有人都笑翻了，表妹夫只好赶紧跟所有人解释一番。

我回他说："你这个'嗽精'真是让我们'受惊'也'受宠若惊'了！"

从表妹夫用的词语，可以得知在日常生活中他需要能止咳化痰的药品。对我们家来说，词语接龙是非常好玩的语言游戏，我们常常一面玩一面笑到肚子痛，同时也是非常棒的一种人际沟通。

> **真正好的沟通，是尊重彼此的独特性，再一起找出共识，创造出双赢的局面。**

语言中埋藏了许多线索。在和别人沟通时，先聆听对方说话，你可以从中读取到许多线索——也许对方最近在关心健康议题，或是关心感情，或是关心孩子的教育问题，或是关心工作中遭遇的困难……这些线索可以作为你在沟通时的切入角度，让对方与你产生共鸣，并且对你给出的话题产生兴趣。

因为对方此时知道：坐在我面前的你，并不只是想讲自己的事而已，我的事也包含在你的话题中。

单向的沟通是说服，双向的沟通才容易达成双赢与共识。先听再说，你会发现他人越来越乐于与你沟通。

第33堂 当沟通变成吵架

〔记下来〕

不管对方说了什么激怒自己的话,你都要在心里告诉自己:这出戏我不想演了。

〔练习看看〕

1. 适时提醒自己"等一下"。
2. 要先有沟通意愿,对方才愿意沟通。

这篇来谈谈不理性的沟通情境。

前面谈到沟通前要先想好目的,如果这一次沟通的目的是"吵架后要和好,修补关系",你也的确是在这个主轴上进行沟通,万一对方继续激怒你,这种情形该如何解决?

我曾经用过一个方法,就是在我的怒气快要爆发的时候对自己说:我要辞演这部歹戏拖棚的连续剧!

当双方火气已经上来,快要恼羞成怒时,更要阻止自己再说出会使争吵继续的话,别跟不理性共振。

不管对方说了什么激怒自己的话,你都要在心里告诉自己:这出戏我真的不想演了,这些烂台词也不要再分配给我了。

争吵不休的戏码不断上演,是一部最糟糕的连续剧,就仿佛给自己分配了一个很烂的角色，把自己活成一位泼妇，把人生过得混乱不堪。

不理智时说出口的话，有时候会让自己都感到惊讶：我居然会说出这种话……

冲动的话一出口，往往如双刃剑，伤了别人也伤了自己。因为这是不经思考，反射性说出的话。

比方说，对方就是为了让你接 B，而说出了 A。他知道一旦说 A，你百分百会接 B。果不其然，你落入了圈套，反射性地说出了 B，于是对方就找到了继续跟你往下吵的借口。

此时，最好的解套方法是"等一下"。

当对方说出 A 时，你先告诉自己：暂停一下！这个戏我不接，我是国际巨星耶！不上档次的戏？不好意思，我辞演了！

那么对方想逼你说出的 B，便不会从你口中说出。

> **没有意愿的沟通就是虚应故事。**

"等一下"这三个字可以用在任何地方。在沟通中觉察到"等一下"，会让你知道接下来接什么话才是适当的，而不再反射性地说话。在生命中发现同样的戏码不断上演的时候，也要适时提醒自己"等一下"：怎么又来了？如果要改变结果，我是不是可以调整自己的思考模式，别让鬼打墙不断无意识地上演。

谈到这里我想再提出另一个观点：你自己先要有沟通意愿，才能激发对方的沟通意愿，达到沟通最好的质量。

我想先举一个比较另类的例子。我的推拿师傅有次跟我说，他有一位客人有点难按，我问师傅："为什么？"

师傅说："他个性比较固执。"

我说："我以为只要躺在这张按摩床上，就有被疗愈的意愿。"

师傅说："不是每个人的肌肉都愿意让我按，每个人的疗愈意愿有深浅的不同，有的人只想治表面，有的人只是想来证明已经为自己的健康尽力了。有的人则是真心想得到健康，想要回到原厂设定。释放出的疗愈意愿越高，得到的治疗程度越深。"

这位师傅非常高明，他不只能推拿肌肉、整骨、调理经脉，他还能帮你把藏在身体里的悲伤与愤怒释放出来。他总是能顺着肌肉，找到最对的点按下去。他也曾经很感动地告诉我，有的客人敞开到让他能处理很深入的地方。疗愈是双向的，沟通当然也是。

回到文章一开始所说的，这次的沟通主题是"吵架后要和好，修补关系"。沟通是做了，但双方是不是都在这同一个意愿下进行沟通呢？这会影响沟通最后的结果。你发出的意愿有多强大，得到的结果就会有多好。

有些人生病去看医生，并不是真的想把病治好，而是想证明自己的病没有人能治得好，这些人只是想不断得到亲友的关心，引起别人的注意。因此，去看医生这件事只是虚应故事，证明自己尽到了力而已。

没有意愿的沟通就是虚应故事。

你可以再深入检视一下你有多少贯彻沟通的意愿。有时先开启沟通的契机，只是为了向其他人表示自己已经尽力了，但有多尽力，其实只有自己明白。

如果真的想和好、修补关系，先从你自己有意愿开始，再去开启对方的意愿。先听对方有什么不满与愤怒，听对方说完之后，再试着让双方和解。否则多做一次沟通，只是给彼此再吵一架的机会罢了。

Chapter 05

沟通是不断变化的有机体

/ 走出困境，重新认识自己 /

第34堂 沟通是有机体

〔记下来〕

沟通是流动的，随时在变化。

〔练习看看〕

1. 用头脑说话是用逻辑说话，是约定俗成的正确的话。
2. 用心说话会散发能量，影响力与真诚度巨大。

沟通是一件非常有趣的事，它是有机的。

这个有机不是 organic 这种有机，而是 dynamic 这种不断变化的有机体。

沟通并没有 SOP，更没有套路，如果我告诉你沟通有步骤1、步骤2、步骤3，就算你按照步骤去做了，也还是学不会沟通。

所谓有机，表示沟通是流动的、随时在变化的。其中"聆听"是动态中最重要的部分，不管你今天是跟一群人还是一个人沟通，通过聆听你都可以得知对方目前是开心还是难过，对方来跟你沟通的目的，以及对方想跟你聊什么。

沟通甚至可能会受天气状况影响。

今天下雨了，因此人也跟着忧郁了，怎么聊都很悲观。

今天出了个大太阳，那什么也不用聊，就一起去户外踩草地吧，这就是最好的沟通。当你跟朋友一起赤脚踩过草地，往后往往能无话不谈，这就是彼此产生了交情。

> **沟通更有可能会受社会氛围影响。**

不管是选举、社会事件，还是公众人物新闻……通过讨论时事，你就能知道彼此的价值观。比方说有的人就是义愤填膺，对社会案件的加害者深恶痛绝；有的人则懂得换位思考，是否加害者本身过去也曾是受害者呢？

关于沟通是有机体，我再更深入举个例子。

我主持腾讯的春运直播节目两年了，2018 年制作单位安排我在火车上和返乡的民众不断聊天，2019 年则在摄影棚内进行直播，随时与各地的记者连线。摄影棚里除了我，每集会邀请嘉宾来现场，有网红，也有明星，而每一天都会邀请当红演唱组合火箭少女 101 中的一位成员来当嘉宾。

节目第三天，来到现场的是火箭少女中的小七赖美云。个子娇小的她，笑起来十分甜美，常常说话说到一半自己先笑了起来，是个努力带给大家快乐能量的可爱女孩。

刚开始我对小七的印象是她也太搞笑了，但就在做完一次连线后，我发现了小七的另一面。

这次连线的观众想要感谢她二十八年前在农村读书时的校长。当年大家的生活条件都不好,有时候半夜实在太饿,她会跟几个同学跑去校长家偷咸鸭蛋吃。后来她回想起来,觉得校长和师母应该是故意不锁门,桌上总是留一两盘菜,让每天都吃不饱的孩子们能填饱肚子。

于是我问小七有没有想感谢的老师,她说:"小时候不懂事,觉得上歌唱课很烦不想去,但妈妈还是带我去老师家了。老师对我说:'你就来上课,就算不缴学费也没关系。你很有唱歌的天赋,我希望你能继续来。'"

由于老师这番话,小七打消了放弃唱歌的念头,后来进入深圳的合唱团唱了很多年。如果没有进合唱团,现在可能也不会成为火箭少女的一员。

当小七说这些话时,还是继续散发着她的快乐能量。但我感受到了些什么,于是跟小七说:

"小七,给你一个机会,对着镜头跟老师说声谢谢吧。"

她当时看着镜头的眼神告诉我,有事情要发生了。

小七回到了她小时候的状态,她说:"王老师,已经很多年没有联系,然后……"接着她开始掉眼泪,一边哭一边说:"我是美云,不知道我毕业之后您有没有从其他老师那里听到我的消息。我能够在很迷惘的时期找到唱歌这个兴趣,并且认定它一直坚持下去,要谢谢您给我的鼓励。"

这与她先前的搞笑印象有很大的落差,这番话,感动了现场与同步收看直播的所有人。

这就是用头脑说话与用心说话的差别。用头脑说话是用逻辑说话，说出父母教你的话，或是社会约定俗成的正确的话，那是套路；而用心说话时，它所散发出来的能量、影响力与真诚度之巨大，与用头脑说话截然不同。

因此，人的本身也是种有机体啊！时时刻刻在变化。

我常跟朋友说："不要随便评断一个人好不好相处，因为他跟他喜欢的人在一起很好相处，他只是不想跟你相处而已。"

就算跟同一个人对话，也没有一次对话会是重复的，这也是有机！

> 沟通是一件非常有趣的事，
> 它是有机的。

每一个人都有不同的面向，不要被自己先入为主的既定印象框住，随时觉察当下情绪与能量的变化，顺着流向走，就会发现你以前从来不曾看过的风景。

第35堂 一定要用说的吗?

〔记下来〕

如果当下无法改变,请先改变自己。

〔练习看看〕

试试甘地的"非暴力不合作运动"。

当双方在某一个点上有不同意见时,需要用沟通来化解这个歧义。

有时候,这个沟通不一定要通过言语才能进行,用行为来取代语言,反而能避免争论,并且能达到解决问题的效果,我称之为:沟通不一定要用说的。

在此举一个发生在我身上的例子。

我的男友抽烟,但我不喜欢吸二手烟,身体会觉得不舒服。

他在抽烟时,有时候我会盯着他看,他会说:"怎么啦,又有什么事要我改进,看我哪里不顺眼啊?"

这时候我心里会想:天哪,我给他压力了。

当然男友是用戏谑的方式跟我说话,并不是真的在责怪我,但我会反省自己,是不是常常在无意间说出挑剔的话呢?

我的男友是不能被强迫的人，要他改变某个行为，必须是他主动想去做才行。

如果我跟他说："我觉得你应该这样做。"他通常会回我："为什么我要这样做？我们不都是自由的个体吗？"

但我又不愿意因为尊重他的意愿而牺牲自己的健康，在我的认知里，爱只有尊重，没有牺牲。我不想每次看到他在抽烟时，就想到我正在牺牲。这对两个人的感情是多大的耗损啊！

而这些年的学习也让我明白，"上瘾"其实有很多成因，直接要他戒烟而没有处理深层的问题，上瘾这件事会反复出现。因此我知道，如果我不想再吸二手烟，我不能直接跟他说"戒烟吧！"或"我不想再吸二手烟了"，而是需要用别的方法来让他知道我的感受。如果当下无法改变他，那先改变我自己。

思考了一段时间后，我决定要采用甘地的"非暴力不合作运动"。

> 能让人听得进去的沟通不见得只能用言语，也可以是某种行动。

当男友在家里抽烟时，我就会默默地站起来，走到另一个空间去。

比方说，他在客厅点了一根烟，我就会走去厕所，或去卧室，或是去收一下晒好的衣服，或是去厨房倒杯水。

只要他抽烟，我就不跟他处在同一个空间里。

这"非暴力不合作运动"实行不到一个月，有一天男友突然跟我说：

"我决定了，我以后抽烟都去阳台抽。"

这一刻，我真的很感动，差点热泪盈眶。

> 有时候，无声的沟通反而比把话填满更有力量。

话语的沟通也许更直接，但话语中可能伴随着强迫以及负面的情绪在里头。因此我选择默默做，我无法预期男友能理解我多少，直到现在我都没跟他说，我用的是甘地的方法，但他理解了，而且愿意主动改变自己的行为。

也许男友意识到的是：当我抽烟时，我就只能是一个人，身旁不会有人陪伴，没有人能跟我聊天。

接着再意识到：如果我只能一个人，那么我为什么不去适合一个人的地方抽烟？

我从曾经失败的沟通中学习到有效的沟通，而有效的沟通永远是别人听得进去的沟通。

能让人听得进去的沟通不见得只能用言语，也可以是某种行动，但这并不是立竿见影的沟通，而是循序渐进、潜移默化的方法，你必须有耐心地等到改变发生的那一瞬间。

第36堂 细节

〔记下来〕

沟通的过程中要不断检视细节。

〔练习看看〕

1. 为什么不够明白对方说的话?
2. 是否过于以自我为中心?
3. 我是否能听出对方比我更宽广的世界观?

从自己有兴趣的事物学说话,在这本书中已谈了不少。在这里我想再跟各位进一步分享我从"阅读"这个兴趣中,学到它给说话能带来的更深层的帮助。

阅读多的头号好处是,与他人谈话的话题会变得更多。

也许你会说看电视节目、看新闻也可以有聊天话题,但通过电视我们得到的可能常常是表面的信息,如果是阅读一本小说或是一本人文科普类的书,通过作者的各种层面的剖析,你能够更深入地了解一个事件或主题,而这些剖析便是提供给你的与人交谈时各种切入话题的角度。

比方说阅读一本推理小说,小说中的案件关系人不会只有一位,有加害人、被害人、被害人家属、媒体、被害人的朋友或同侪、侦办人员……同一个案件，作者会通过各个角色的不同视角去铺陈整个故事。因此不同于电视新闻报道只以短短五分钟流于表面、不带情感地报道案件，小说是缜密的分析，更带有人性面的情感。

因此，在阅读故事时，你会跟着书中人物的际遇或悲或喜，理解人物的各种不同遭遇与处境，也带给你同理他人的体验。

每阅读一次就是一次同理心练习，久而久之，在与人交谈时，你不会总是站在自己的角度，而是更容易站在对方的处境来看待事情——如果我是他，会最在乎什么呢？是金钱？是面子？还是情感上的支持？

> **每阅读一次就是一次同理心练习。**

自己能活的人生很有限，阅读能得到许多经历不到的人生体验。因此阅读得越多，就越容易理解他人的处境。越理解他人的处境，聆听就会随之变得越有效率。

也许你曾有过这种经验：明明我很努力张开耳朵听对方说话，每个字我都听得懂，但怎么就是听不懂对方的意思呢？

这是因为你无法理解对方话中的真正含意。

如果你的阅读经验够多，你就会知道也许对方说这段话是在传达他的恐惧，即使对方没有说出恐惧两个字，或者是对方话语中带着担心，只是没有用直接的方式说出口。

这便是对文字的理解能力，理解力越强，越听得出藏在话语背后的意义。理解力是沟通中很重要的一种能力，而多阅读能加强这个能力。

我喜欢阅读，是因为我很爱"学习"这件事。"沟通"就是非常需要学习的一门课，而且沟通的学习是永无止境的，就像阅读绝对没有读过一百本书、一千本书就够了这回事。学得越久，会发现要懂的事情还有更多。

在学习沟通的过程中，我们要不断检视细节：我为什么不够明白对方说的话？我是否漏听了什么？我是否过于以自我为中心？我是否能听出对方比我更宽广的世界观？……

每个作家都有他独到的文字世界与善恶观，这些往往也隐身在文字背后，等待读者去发掘。你可以从阅读中分辨自己的喜好，以我为例，带有恶意的作者会让我不舒服，这样的作者的书我便不再碰。我喜欢带着温暖与爱、能得到情感上支持的作品。

就跟阅读一本书一样，认识一个人也需要从他的话语中慢慢去深究、去品味，因为，认识一个人跟阅读一本书同样有细节，这是我在阅读中得到的乐趣，也是我的人生历练带来的领悟。

第37堂 把五感打开

〔记下来〕

如果你的心是紧闭的,你的身体也会是紧闭的。

〔练习看看〕

视觉、听觉、嗅觉、味觉与触觉,都可用来聆听,开启沟通。

生命中的许多功课,教会我沟通。

对我来说,人的五感需要在沟通时同时开放。

用眼睛观察是一种聆听,用鼻子闻也是一种聆听。比方说有人经过你身边时,传来浓浓的中药味,你可以由此判断,这个人最近可能身体不舒服。如果是一身奶味,那么这个人可能有小孩,小孩也许刚刚才吐奶在这个人的身上。

因此,沟通不是只有说话这么简单。

沟通其实是在聆听对方的能量。

这里所谓的能量不是气功在谈的那种能量,而是情感的能量。

例如有个人坐在你面前,身上正散发出强烈的怨念,他一句抱怨也没对你说,但通过五感来观察对方,也许你会发现他的脸是垮下来的，眼角与嘴角也是往下垂的，因而得知这个人的整个状态是低落的。

另一个人则嘴角总是不经意地上扬，像是在微笑，你便能判断这个人是处于心情上扬的状态。

人的五感是哪些呢？视觉、听觉、嗅觉、味觉与触觉。我们要练习用这五感来聆听，并且开启沟通。每个人五感的发达程度都不同，有的人也许较善于观察，有的人也许较善于倾听，有的人则是嗅觉与味觉特别灵敏。强项不分高低、哪种都好，用自己最擅长的感觉来聆听对方就可以。

比方说，你闻到对方身上有蒜味，就可以先试着以此开启话题："你刚刚吃了水饺哦？"

也许双方的话匣子就因此而打开了——哪里的水饺最好吃？吃水饺一定要配蒜头吗？是整颗蒜配水饺还是要把蒜切碎了才好吃？……

从对方有兴趣的事物来开启沟通，能让对方放下不自在感，放松心情跟你聊天。

再进一步针对人们身上的味道进行分析，喷在身上的香水是花香系还是果香系？身上有宠物的味道，养猫还是养狗？身上有婴儿的奶味？……通过嗅觉能够感知到许多线索，这些线索能帮助你描绘出一个人的生活样貌。

五感中较需要拿捏适当距离的是"触觉"。

有些人不喜欢别人的碰触，有些人则会在善意的碰触后放松下来。此外，说话时，人与人之间保持恰当的距离也十分重要。

有礼貌的距离、可以拉近彼此关系的距离、老死不相往来的距离……距离的拿捏很微妙，也不容易，但在沟通中有时候扮演着关键性角色。

有的人说话喜欢靠人靠得很近，近到口水还会以直线喷到别人的脸上，这种就是不会拿捏距离、让别人感到不舒服的人。

人与人一开始接触，先保持有礼貌的距离，再慢慢一点点拉近距离比较好。

关于碰触的尺度拿捏，千万不要去碰他人身上不该碰的地方。例如有的男生喜欢做出捏捏别人的手、捏捏别人的腿、碰碰肩膀等动作，仿佛以大哥自居，抱歉，你跟人家没那么熟。

女生为了保护自己也要留意碰触的分寸，尤其对于异性容易造成误会，带来不必要的困扰，除非你是有意这么做，那又另当别论了。

> 农夫在田里待久了，就知道自己该观察到哪些面向才能让农作物长得好。沟通也是如此。

此外，当你跟他人有身体上的触碰时，还可以感受到对方的情绪是打开的还是关闭的。

比方说我主持腾讯的春运节目《回家的礼物》时，我们帮一位有忧郁症的女孩圆梦。曾好几次有自杀意图的她，幸好有母亲支撑着走过那段灰暗岁月。这个女孩想放个几天假去散散心，想去天安门广场看升旗，于是制作单位安排她从西安坐火车到北京。

记者在西安车站访问她，再送她上火车。访问中我突发奇想，想说既然来北京是为了扩充自己的体验，不知道她愿不愿意来摄影棚体验一下直播的感觉呢？没想到隔天她真的出现了。

当天大家见到这女孩后，都给了她相当大的温暖与鼓励，当她要离开节目现场时，我说："来，宝仪姐给你一个大大的拥抱。"

就在我拥抱她时，我很清楚地感觉到一件事：这个女孩还没准备好敞开面对这个世界，这条辛苦的路，她还在路上。

因为当我与她拥抱时，我感受到她离热情与敞开还是有段距离。

不管是握手还是拥抱，通过这些基本的身体接触，都能大概评断对方的状态。例如握手时，有的人只是伸出手但没有握的动作，只是被动地让对方握住自己松垮的手；有的人则是意思意思轻轻握一下；有些人则是非常擅长在初次见面的时候，用有力的握手让对方感受到热情。从以上这些地方都能看出握手的真诚程度。

身体与心灵是互相连通的。如果你的心是紧闭的，你的身体也会是紧闭的。有的人说话时把双臂交叉在胸前，表示他不想跟对方沟通。有的人与人交谈时总是敞开身体，表示他是很乐于跟他人交流的人。

回到我拥抱忧郁症女孩的那一刻，我感受到这个讯息：她心里的伤还没有好，可能还需要一些时间。

于是我跟采访过她的记者说："这女孩还有好长的一段路要走，希望这次的缘分能成为她感受这个世界善意的契机。"

农夫在田里待久了，就知道自己该观察到哪些面向才能让农作物长得好。沟通也是如此，张开所有的感官，在每一个当下练习用五感观察，久而久之就会内化成为你的能力。这将令你更懂得在沟通时聆听到应该要特别注意的线索，并且能够有机地运用这些线索。甚至，你能拥有确实读取到对方能量的能力。

日后，凭着经验与直觉便能判断最适合切入话题的角度，进而勾起对方与你进一步沟通的意愿。

第38堂 适时鼓励,连续沟通

〔记下来〕

对谈话内容有反应,会让人想说得更多、更精彩。

〔练习看看〕

1. "对!没错。"
2. "你刚刚说的,让我想到……"
3. 非必要时不要打开别人的潘多拉盒子。

跟什么样的人谈话,会让你想聊个不停,下一次还想继续跟他碰面呢?

通常对你的谈话内容很有反应的人,会让你想跟对方说得更多、说得更精彩吧。

因此,在沟通中懂得给对方适时鼓励也是关键。

举例来说,当对方说完一段话,你回应:"对,说得没错!",那么对方就会愿意再说多一点。

或是听到对方说到某个自己有兴趣的亮点,便承接他的话,再把自己想分享的话说出来。例如"你刚刚说的这个,让我想到……",对方心里会觉得:你真的有在听我说话,而且认同我的话耶。

相反地,如果对方说了A,你却硬要说B,对方会觉得:你根本没在听我说话嘛！我何必继续坐在这里浪费时间？

更进一步地，你可以在言语中点出你究竟听懂了多少对方的话。只是懂得皮毛像鹦鹉一样重复对方的话呢？还是不只能听出冰山的一角，连水面下那看不见的巨大冰山都能心领神会呢？

你能懂得多宽广，对方就能回应你多宽广。而宽广的程度，来自你通过聆听、阅读、旅行、工作、运动、发展兴趣……所得到的各种体验。

一来一往，这就是一种连续性沟通，也是丢接球的能力。

> **在沟通中懂得对对方适时鼓励也是关键。**

关于"适时鼓励，连续沟通"，现在的我，正在学习另一种层面的丢接球。

那就是——我是否漏接了别人丢出的求救信号？

例如有交情的朋友久未见面，通常约时间见面吃饭是想确认一下彼此的状况是否无恙，但朋友临时取消约定，并且说"我们先不要见面"。

这种情况下有两种选项——一种是尊重对方的选择，朋友总有见面的一天，什么也不要问；另一种则是警觉到，对方是约十次会来九次的人，这一次他是否有什么状况呢？是否该主动开口问：你怎么了？还好吗？

以我的经验，当对方没有主动开口求救时，通常自己不要鸡婆地说"我可以来救你"，才是比较恰当的处理方式。因为以拯救者自居，从另一个角度来看是觉得自己比对方优越。而当对方还没有准备好去面对问题时，何必强压着对方的头去面对自己。

假设对方确实需要有人引导，身为朋友的自己是否应该多问一句：你还好吗？

这两种选项往往会让人感到进退两难，而退后一步往往比前进一步更难。

如果是你，会怎么选择？

在这里给你提供我的两个拿捏准则。

第一，你与对方的交情是否好到你愿意承担求救信号？

一旦承担就是有了责任，就像潘多拉的盒子一旦打开，随之而来的考验你必须承担，无法中途撒手不管。因此如果彼此交情不够，不要做烂好人。

第二，你有没有能力承担对方的求救信号？

没有能力却又打开对方的潘多拉盒子，非常不负责任。有的人打开潘多拉的盒子，甚至只是想炫耀"我知道很多人的秘密"，并且四处去说嘴。

还有一种可能，是以为自己有能力承担，打开盒子之后才发现自己能力不足，只好硬着头皮承接。

因此，以"交情"与"能力"审慎评估选择哪一边才是正确的，通常八九不离十。

第39堂 没有解方，不要任意评断

〔记下来〕

如果你批评的出发点不是为了让对方更好，就不要随意说出批评的话。

〔练习看看〕

1. 与其给建议，不如帮助对方找到改变的方向。
2. 你让自己先变好，先变快乐起来。

有一天我在网络上看到一篇很有意思的新闻，内容是说同样是对餐厅做评论，中国台湾人比较喜欢做情绪性的短评论，比方说，烂死了、服务很差，而日本人只要留言就是长篇大论。

同样是写服务很差，日本人还会在批评的后面写出从哪些地方判断这家餐厅的服务不好，餐厅的哪一个环节出了问题，可以怎么改进等等。

光从留言就可以看出日本之所以能持续进步的原因：针对某个人或某件事提出建议，是希望对方能变得更好，而不只是批评发泄完情绪就算了。

我有一个做电影配乐的日本朋友，有次跟他一起吃饭，聊着聊着他说：

"基本上我不会随意说出某家餐厅不好吃这种话,除非我吃了超过三次。吃过三次之后,我确定这家的餐点是不好吃的,我才会跟店家开口,提供给这家餐厅改进的建议,并且还会继续光顾。如果我决定不再来这家餐厅,就一句建议的话也不会说。"

不再去某家餐厅,表示你想与那家餐厅断了关联。会想提出建议,通常是因为你还会想再去,希望这家餐厅变得更好。

因此我想对你说:如果你批评的出发点不是为了让对方更好,就表示你与这件事或人没有任何关联,那就不要任意说出批评的话。

在前面《思考说话的目的》那篇文章中,我谈到说话的"初衷"这件事。开口说话前,可以先想想说这些话的目的是想要别人更好呢,还是希望别人不要给你添麻烦?如果能分辨得清楚,说出来的话也会更有说服力。

例如父母在管教孩子时,对孩子说"不可以"。这句"不可以"到底是为了孩子好,还是不希望孩子给自己带来麻烦呢?如果做父母的能够分辨出这两者的差别,就会知道孩子之所以不听话的原因。

如果这句"不可以"是真心为了孩子好,小孩自然而然会明白这是爸妈的苦心,不做某件事真的会对自己有帮助。

相反地,不让孩子做某件事如果只是父母想省事,有的孩子也许会继续我行我素,有的孩子也许会因为不想给父母添麻烦而勉强听从,但彼此的关系会渐行渐远。

这里面包含着一种分辨的智慧——对你来说不见得好的事,对孩子来说可能是不可或缺的人生体验。每个人都有自己该完成的人生功课，只用一句"我是为你好"来带过有时难免流于自我中心。我们必须尊重每个人自己选择的功课，有时我们能做的，是提醒（注意！是提醒不是恐吓）他这个功课可能会带来的后果。帮他把他该做的功课做了，很像是当年我暑假作业写不完，求我爷爷帮我写毛笔作业。功课是交了，但我的字也失去了变好的机会。

> **自以为是的善意常会伤害别人。**

此外关于"给建议"这件事，在给某件事或某个人建议之前要先思考：如果自己的建议是希望对方变得更好，那么自己凭什么希望对方好？想让对方变得更好的意念，是为了对方、为了你自己，还是为了这个社会？而你为什么要帮对方做这个改变的决定？

给人建议通常会有高人一等的感觉。我坦承过去的我很爱给人建议，但思考了给人建议到底目的为何之后，现在的我试着不随意给人建议。

给人建议的背后带着几种含意，其中一种可能是：我过得比你更好，我比你更容易看到问题所在，我希望你改变。

问题是，有的人就是不想改变，有的人就是要先尝到苦头，才懂得什么是甘甜。因此现在的我会试着尊重对方的选择，除非对方有改善的意愿，否则我不会给建议。

不管是朋友、亲子或伴侣，都不要口口声声说"我是为你好"。

我喜欢举这个例子：当别人只跟你要黑咖啡时，不要自作聪明跟他说我觉得拿铁比较好喝，然后自顾自附上牛奶与砂糖。这是因为，对方在那个当下不一定需要奶跟糖。

自以为是的善意常会伤害别人。真心想要对方变好，与其给建议，不如帮助对方找到改变的方向；与其对别人说"我觉得这样比较好、比较快乐"，不如你让自己先变好、先变快乐起来。

当别人看到这样的你，自然会主动靠过来问："为什么你看起来这么快乐？能不能告诉我快乐的秘诀？"

这样的互动，对方不觉得被看轻，而你自己也做出了实质贡献，皆大欢喜。

我从小就很容易为别人感到着急，那是一种恨铁不成钢的心，因此从小我就很爱对人说教，说教对象不限小孩，往往是大人。

经过这二十多年的人生历练后，现在我领悟到一个道理——人家没有问就不要说。我在学习不说教。

> **不是每个人都爱听说教。**

这是因为我意识到：不是每个人都爱听说教。

听到说教，有些人心中的想法是：这个人也太爱管闲事了吧。

现在我知道对这些人来说，在时机到来之前，我多说也无用。因此人家没问，就不要说。

过去的我会无意识地对人说教，当我看到某个朋友或亲人身上的破绽时，我很难忍住不说教，我会有种所谓"恨铁不成钢"的心情，但是我没有意识到，不是每个人都要成钢的，做一块美丽的铁到底碍着我什么了？为什么一定要照着我认为对的方向走才叫对？

人家没有问，表示他现在没有改变的需求。不要以为自己有多厉害，你自以为的厉害，对别人来说可能是阻碍。

现在的我，如果意识到我想对人说教，是因为想显示自己比别人聪明，或是看得比别人更清楚，那么我就会停止说话。

这表示：我不是站在别人的角度，真心为别人着想。

当我觉察到这一点时，我想要脱离这个习惯。

第40堂 不知道说什么，就先别说

〔记下来〕

当你无意识与无用做得多了，无意识与无用就会成为你的习惯。

〔练习看看〕

话不好，不说。不知道该如何表达，也宁愿不说。

沉默有时候不等于示弱，而是给自己留余地的好方法。

我想不少人有这样的经验，被人问到自己回答不出来或不是太懂的问题时，硬着头皮天花乱坠地回答，结果被对方的回马枪打成满头包。

当你连自己都不知道在说什么时，对方很容易听出来你没有料。

选择不回答或干脆说不知道，表明自己想准备好了再说话，别人还会给你一次机会。一旦胡乱说出口，你从此就会被归类到"这个人言过其实，是个草包"。

另外还有一种人喜欢虚张声势。这种人会跟身边的人强调自己有多么见多识广，但相处不出三天，他很快就会被看破手脚。就算只有一件事是他瞎掰出来的见识,其他的体验都是货真价实的,那件瞎掰的事也会被无限放大,连同之前货真价实的事都被打折扣。

从此之后这种人的脸上会被盖下一个印记:这个人说话不实在,不可靠。

一旦被贴了标签,就很难翻转他人的印象。

> **沉默有时候不等于示弱,而是给自己留余地的好方法。**

由于喜爱炫耀或虚张声势的人不少,使得这个世界充斥着无用、断章取义的话语,它们从网络、电视与报纸新闻、脸书等各种社群、手机讯息……四面八方来到你面前,强迫你去看、去接受、去相信。

我们每天会花许多时间看这些无用的话语,但对自己没有任何帮助,甚至,看多了这些无用话语,使得你自己也说出这样的话。

尽量不要看无用的话语,也不做无用与无意识的聊天。

当你无意识与无用做得多了,无意识和无用就会成为你的习惯。

如何判断一件事无意识而且无用?比方说花了很长时间聊天,但聊完之后什么讯息也没有留在脑中,或者读完一篇充满谩骂的留言,但完全看不出来谩骂者背后的中心思想或立足点。

习惯无意识地说话与说无用的话,你就会成为无意识与无用的人。

这种人会出现以下说话模式,例如说"我不喜欢这个东西"或是说"这个东西好烂"。

如果进一步问他为什么不喜欢、为什么觉得烂，他会说："不知道耶，我也说不上来为什么……"

这就是习惯无意识说话的后果——无法思考自己说这句话的目的，找不到做出判断的根源。而这种无意识，最容易让人时常说出挑剔的话语而不自知。

当然如果是有交情的朋友，花时间闲聊是必要的相处，这样的聊天有时是种放空。只是提醒大家，无意识的聊天应该适可而止。

话不好，不说。不知道该如何正确表达时，也宁愿不说。

再一次强调说话应该要达成双赢，要时时检视自己说话的目的，让好话在你我之间交流。

第41堂 不完美，也要往前走

〔记下来〕

只有往前走，才能在某一天找到应对昔日挫折的最佳解决方法。

〔练习看看〕

珍惜所有人的真心，多说一些安慰的话。

做主持工作并不是只有成功，我也有过挫折的经验，而这次挫折为我带来了宝贵的体会。

有一年我主持一场音乐颁奖典礼，这场典礼的主秀是 EXO。

主办单位是音乐串流网站，典礼在网络上除了直播之外还有实时投票机制。当时 EXO 是人气最高的团体，当然是最高票的大热门。

一直到节目中段，EXO 的得票都遥遥领先其他艺人，可是在典礼最后五分钟公布票数时，突然被一个新人女子团体大逆转！

当时所有人都傻眼了，包括我在内。

由于是直播节目，当下我必须要做一个非常快速的决定，而这个决定直到现在我都觉得自己没有做好。

我是主持人，不能当场翻脸质疑这个音乐颁奖典礼的公正性，我要尊重活动的主办单位，绝对不可能说："这是怎么回事？有没有搞错！"

而得知投票结果后，那个女子团体已经走上台，准备要领奖了，台下一片嘘声。当时站在主持台的我只好缓颊说："EXO 的成员也在台下拍手，他们真是很有风度的艺人。"

当天晚上，我在网上被骂惨了！

有粉丝说："主持人好烂！""可不可以不要再找她主持了！"攻击性的字眼此起彼落……我遭遇到极大的挫折。

当时我不知道该如何处理这种情况，直到一位粉丝的母亲在我的脸书粉丝专页留了私讯给我。

她写道："我知道这件事不是你的错。当天晚上我和女儿在家里看网络直播，陪着女儿通过网络投票。整个晚上我看着她非常热切地投票给喜爱的明星，最后却是这样一个反转的结果。身为妈妈的我，不知道怎么跟女儿解释这个社会到底是怎么一回事。"

这位妈妈写给我的这段话，把我给打醒了。

我这才意识到，当时看似完成了颁奖典礼，但是我少做了一件事——安抚 EXO 粉丝的心。

如果那时我对粉丝多说一些安慰的话，网络声浪也许就不会有这么大的反扑。

这么做并不是为了希望少一点人骂我，而是我应该更珍惜所有人的真心。

大家是真的都受伤了啊!

我检讨自己:我的确没做好,我能力不足。

这是一道巨大的难题。我无法跟粉丝解释为什么票数会被逆转,因此再怎么安抚粉丝也许都无用。

如果这难题今天再来一次,以我目前的能力,也没有把握能完全做到好。

身为主持人,我的工作是要调节能量,宾主尽欢。

过去主持人只要面对主办单位、来宾与台下的观众即可,现在还要面对看不见的千千万万个网友,必须顾及的面向更广——必须把"体贴的心"推己及人。

此外,要有放下的勇气。当沟通结果未尽完美的时候,检讨之后放下,就继续往前走吧。

只有往前走,才能在某一天找到应对昔日挫折的最佳解决方法。

第42堂 沟通这一课,家人可以缺席吗?

〔记下来〕

让自己成为爱,需要爱的人会自己主动来靠近你。

〔练习看看〕

1. 不要被小说、电影或影集随时拥抱说爱迷惑,家人关系有各种可能的形式。
2. 让爱流动,就是最好的沟通。

这个主题我想会让许多人心头一震。有时候最困难的沟通,也许就发生在家人之间。

我们有选择朋友的自由,而家人是与生俱来的,但是我们能不能选择不与家人沟通?

我男友的弟弟几年前有酗酒的问题,情况时好时坏,让男友很困扰。

有一回我跟男友回他的家乡高雄,坐上高铁后,男友对我说:"我现在心情有点浮动,不知道这次回去要如何面对弟弟。"

我问男友:"你有特别想对他说的话吗?你想改变他什么吗?你为什么要改变别人?改变别人到底是为了谁好?如果他就是想要这样过日子,那又有什么关系?你到底是为了谁在生气?有谁碍着你了吗？这个真的是你非解决不可的问题吗？"

我丢出了这些问题给男友。

男友思考了一阵子，对我说："其实没有谁碍着谁，我为什么一定要让他活出我认为对的样子，才叫对？"

于是我们回高雄这一趟，变得没有非得确定的事、非得说服的事、非得改变的事，变得轻轻松松。

想要改变家人，你有办法负起在家人身边二十四小时盯着的责任吗？其实该对人生负责的，是家人自己。

> **到底要跟家人沟通到什么程度才叫最好的沟通？**

比方说，家人找病来生，是想证明自己的存在，意图引起其他人的关注，那么就尊重家人的决定；如果家人不知道怎样才能让自己更健康，那么就帮家人把功课做好，不管是中医、西医还是自然疗法，让家人自己选择他相信的，提供方案就好，其他不需要多想。

每个人都有各自的人生，如果我想得到尊重，那我就得先尊重他人。

弄清楚自己最在乎的到底是哪个环节，并且"尊重"彼此，是作为一个独立的个体最重要的前提。

不要被小说、电影或影集中随时拥抱互说爱的情节所迷惑，并不是非得情感交融才是家人，有的家人就是缘分比较淡，不需要勉强说爱。

你可以说："感谢我们有缘成为家人，我祝福你，我希望你好好的，活出自己真正想要的样子。"

如果家人想要疏离，就不要强迫他回应爱。

如果你希望家人爱你，就先说你爱他。

我从小就没有跟父亲同住，小时候，"爸爸"这个名词对我来说，代表的就是最熟悉的陌生人。上中学的时候，我觉得这样下去好像不是办法，我不想只是在电视报纸上认识我爸，我也希望他多了解我。我决定写信给他。

> **如果你希望家人爱你，就先说你爱他。**

也没有什么特定目的，就是写些家里的琐事啊，学校发生的事啊，诉说一下最近的心情啊，基本上一到两个礼拜就一封，这样一写，写了高中三年。

他一封信都没回过。

我知道他很忙，所以基本上也没怪他。但我知道他有看。

通常我信的开头都会写"Dearest 阿爸"，末尾署名都是"最爱你的女儿宝仪"。

一直到有一次，忘记是生活中发生什么事，我在写那封信的时候情绪低落甚至有点火大，所以开头我只写了"爸"，署名只写了"宝仪"。没想到一个礼拜后竟然接到我爸的电话，原来是他看了信，察觉到我有点不对劲，所以打个电话来确认一下。

没想到反而是我确认了：他真的有看啊！哈哈！

所以第二天马上又补了一封"Dearest 阿爸，最爱你的女儿上"的信。

其实他没有回信我并没有太沮丧，因为我只想让他多了解我，只要达到这个目的就好了。但这些信补强了我们之间的"交情"，是的，亲情也需要交情，你愿意花多少时间就会有多少交情。这些交情成了我们父女感情在血缘之外的基础，以至于长大后，我们与其说像父女，不如说更像朋友。

这些年我更加明白了这个道理：让自己成为爱，需要爱的人会自己主动来靠近你。

因为他们会好奇：你为什么看起来那么滋润？用什么方法才能变得这么滋润？为什么你的世界这么美好？

"跟你在一起让我很有被爱的感觉。"

"被你爱是一件很幸福的事。"

从渴求别人给爱到有能力给予爱，从不断往外求到明白我以为我所缺的其实早已为我所有，这让我变得非常开心。

成为愿意分享爱的人，爱并不会因此而匮乏，因为爱是源源不绝的。

让爱流动，对我来说，就是最好的沟通。

Chapter 06

说话与沟通的学习永无止境

/ 走出困境，重新认识自己 /

第43堂 随时随地找机会

〔记下来〕

练习有觉知地说话,也是在练习有觉知地生活。

〔练习看看〕

1. 跟出租车司机或店员聊天。
2. 见面微笑,眼神交流。
3. 一天中找一个时段观察自己。

读到这里,相信大家已经学到了一些说话与沟通的方法,也许会试着以身边的亲友作为练习对象。

我想进一步建议大家,有时候,不需要刻意找熟人来练习,因为我们随时随地都可以找机会练习说话。

比方说坐出租车的时候,跟出租车司机闲聊,或是去咖啡店点杯咖啡,跟店员的互动也是练习的好机会。

你能不能正确判断出店员当下的状态?他可能很忙,完全无法跟你聊天,只想把事情赶快做完;或是他很热情,也很乐意跟你聊关于店里各种咖啡豆的特色与烘豆方式。

跟孩子练习,跟成人练习,跟长辈练习,跟与你用同一种语言的人练习,跟外国人练习,这个过程中不但精进了自己沟通的能力,还有机会看到这个世界的不同面向,从他人身上照见自己,多么好玩有趣！

如果开口侃侃而谈一开始对你来说有点困难，那么不知道以下方法会不会给你提供一点灵感。

我最近给自己设计了一个新的游戏叫"微笑的鼓励"。

我有时会去家附近的操场跑步，早上出门时总是会遇见许多外籍看护推着老人家出来走走。我留意到，或许是因为太早，或许是因为已经成为例行公事，不管是推人的还是被人推的那位，脸上总是没什么光彩。所以我就想，我是不是能做点什么呢？我可能没有时间停下来聊天，但擦肩而过的时候，我能留下或与他们短暂交流点什么吗？只是对陌生人傻笑真的要鼓起勇气，所以我就先给自己定下每次至少要对三个陌生人微笑的任务。而且不能只有自己乐呵呵傻笑，还得要有眼神交流，自己也会斟酌是不是还要附上一个点头。说实话，虽然我常常笑，但要完成任务有时还真不那么容易——你要看着别人的眼睛，别人不见得要看你啊！而且莫名其妙对别人笑，很多人一下也不知道怎么反应。但是，当我也得到回应的微笑时，真的有种完成任务的快感。

练习也可以是你在一天中找一个时段，停下来观察自己的状态。今天精神状态好还是不好？今天专注力高还是低？今天想说话还是不想说话？今天在跟人沟通时是认真还是只想摆烂？

如同我一直强调的，聆听自己是聆听他人的开始哦！

练习有觉知地说话，也是在练习有觉知地生活。

做任何事都要有意识，不要让自己常常处在自动辅助驾驶（autopilot）的状态，因此忽略了身边的人发给你的信号。

以我为例，有时候我跟男友相处，他问了我一个问题，我随便回了他两句，他便有些不开心地说：

"你现在是自动辅助驾驶吗？你继续玩你的糖果传奇或抓你的宝可梦就好了，不用硬要回答我的问题，因为你的自动辅助驾驶会让我火大！"

这时候我意识到，那时我整个人的状态就是松散的，因为我在玩游戏。当沟通来找你时，就要解除autopilot，让自己回到专注的状态。

如果真的不想说话，让对方清楚地知道你的状态，比随便敷衍回应几句还更好得多。

> 随时随地练习有觉察地面对事情，这也是对自己诚实。

许多人以为把自己脑子里的话说出来就是诚实，但这个并不能与诚实画等号。

所谓诚实是要有足够的觉察，知道自己真正的想法，并且承认它，面对它。

例如有的人明明在吼人，他却说：我根本没有生气啊！我只是嗓门大!

这就是对自己的愤怒不诚实。

纯粹只是分贝高还是话语里有怒气,是很容易分辨出来的哦!

有时候脑子会引导你到错误的方向,通常会以违心的话语呈现,但并不是把这些违心的话语一字不漏说出就是诚实,这只是 autopilot 般的无意识说话罢了。这些话一说出口,有时候会让事情往你期待的反方向前进。

诚实的"诚"这个字非常有意思,它是由"言"和"成"组成的,因此我认为,真正成功的沟通在于"诚"。只要是真心诚意跟对方说话,不管对方接不接受,或者结果不如预期,都无愧于你想要沟通的这个初衷。

没有通过觉察而说出来的话是虚假的,就算能说服别人,也欺骗了自己,对我来说,这个沟通一点也不成功。

第44堂 找朋友一起练习

〔记下来〕

说话是好玩的游戏,当然要跟朋友一起玩。

〔练习看看〕

把聊天的内容录音之后重听,你问了几个问题?你的问题是什么内容?朋友问了几个问题?同时这个方法也是"聆听自己"的练习。

为了要让无意识地说话进阶到有觉察地说话,沟通需要随时随地练习,除此之外,你还可以特地找个日子加强练习。

在这一天,找个对沟通同样有兴趣的朋友,一起练习沟通,与朋友一起检视彼此的说话内容,能够更明确察觉自己需要改进的地方。

我的方法是:和朋友找个地方坐下来聊天,并且把聊天的内容全程录音。回家后,重听和朋友聊天的内容。

你可以试着从录音的内容中检视几个重点:

一、你总共问了朋友几个问题?

二、你的问题是什么内容?

三、你让朋友问你几个问题?

四、朋友问你的问题，你回答的深入程度如何？是花了很长时间回答，还是回复了几句就转回到自己的问题上？

录音的用意是让你能用旁观者的角度去检视自己的沟通内容，很多人听不到自己说话，这个游戏既好玩又真实，真实的地方是：通过这种方式而重新认识了自己。

原来自己说话的音调在别人耳中听起来是这样啊！原来自己说话这么欠揍啊！原来自己都在说自己的事，根本没在听别人说话！我那时候怎么会说出这种话！……

如果连你都觉得自己说话讨人厌，或是活在自己的世界中，那么如何与别人成功沟通？

真实的你会在录音中现形，而这就是别人眼中的你。

通过录音检视，下一次和朋友说话时，你便会更加留意自己的说话内容，这就是所谓的"觉察"。

此外，把自己和他人沟通的对话过程录下来再重听，也是一种"聆听自己"的练习。

你可以回想，那时候说的某一段话，是自己真心想说的话吗？还是这段话后面还有别的含意？别人无法帮你检视，只有你自己可以。

比方说，父母跟孩子说：你去玩五分钟iPad好吗？

事实上这句话的潜台词很有可能是：你只要给我五分钟不烦我就好了。

如果是如此,那么父母为什么不直接跟孩子沟通:"我需要这五分钟的安静,我跟你保证,过了这五分钟,我们就可以一起玩游戏。"

不跟孩子说真心话的父母,就是让孩子一直活在谎言中,孩子们会不明白自己的父母到底想要什么,或者是觉得为什么自己的父母总是言行不一。

因此,言不由衷的父母使得孩子也跟着学会用言不由衷对待其他人。

> 许多人不懂为什么与关系亲密的人沟通常常会受挫,其实这往往是自我觉察能力不足造成的。

练习"聆听自己"就是在练习"觉察"。

通过一次又一次练习,你会发现僵化的沟通与关系,也会随之松开一点,再放松更多一点。

第45堂 从提问找答案

〔记下来〕

从提问中，你会发现自己的纠结点到底是什么。

〔练习看看〕

1. 用一分钟提问，学习如何说明自己目前的困境。
2. 介绍自己。

我做过几场演讲与座谈，演讲完，我通常会留时间给现场听众提问题。

我喜欢和现场听众互动，也能由此更了解来参加的听众想从演讲中得到什么，以及最困扰他们的事是什么。

这些人会聚在一起参加同一个活动，一定有共同的理由，从Q&A 时间中找到这些原因，常常比演讲本身更让我兴致勃勃。

通常只要有一个人发问，往往就可以同时解决许多人的问题。

如果大家没有勇气举手提问，我会请现场听众把问题写在纸条上再传给我，从中挑选出我最有感觉的、与现场所有人相关、回答会产生最大共鸣，以及可以往下延伸的问题来回答。

有人有勇气举手是再好不过的。会举手提问的人，他本身一定是非常投入演讲的内容中，而且他所提出的问题，往往已经承载了自己的答案。

从提问中，你能发现自己的纠结点到底是什么。

如果纠结的是家庭问题，通常提问者会把自己的家庭情况先说过一轮，再提出想问的问题；如果纠结的是感情问题，通常提问者会先将自己的恋爱史向所有人坦诚以告，再提出问题；如果纠结的是金钱问题，提问者往往会在提出问题前，先侃侃而谈目前面临的金钱困境……

看提问者从哪个角度切入提问，就能得知这个人的核心问题在哪里。

因此，如果你是提问者，你所陈述的情境，就是你当下最想解决的困境。

举例来说，在一次讲座之后的 Q&A 时间，现场有位成员发问：

"我是一所很有名的理科大学毕业的文科生，我常常觉得很沮丧，我的同学们都已经功成名就，公司股票分红赚了很多钱，但我并没有这样的成就。我想问，我是不是该转行去做与疗愈相关的工作呢？"

于是我回答他：

"其实卡住你的不是该不该换工作这个问题，而是你被名牌大学以及别人对你的期待给框住了。当你在叙述自己的问题时，其实你已经得到了解决问题的答案。去做疗愈工作者这个决定，不需要去想是否会对不起所谓名牌理科大学毕业这个标签,只要你挣脱框架,你便会得到十足的自由,朝着心之所向,去做让你最能感受到喜悦的事情就好。"

这是答案就在叙述里的最佳佐证。

如果这位名牌理科大学毕业生,能抛开"期待"这个枷锁而走上疗愈工作这条路,日后当别人问起"你是如何走过这段路的"时能够给出答案,这就是人生最大的收获。

答案就在问题里还有一层含意是,其实你想要的解答都在自己心里,有时开口问别人只是想得到佐证或是支持。我看过有人会重复问同一个问题:真的不是这样吗?真的不是我想的这样吗?即使被问的人已经回答说"不是",发问者还是锲而不舍。其实发问者心里早有定论,任何人的回答都不会改变他的想法。

> **假设你有一分钟能提问,这一分钟你会如何说明自己目前的困境呢?**

此外,如果要请你介绍自己,你会很有自信,还是会紧张,甚至会因此感到焦虑?

我想留下以上两个问题让你思考。

如果我们未来有缘在某场演讲或讲座见面,请告诉我你的答案。

第46堂 每个人都是学习的对象

〔记下来〕

只要我张开五感来聆听,每个人都值得我停下脚步。

〔练习看看〕

听听别人说话的目的,态度是否积极乐观?情绪是开心还是难过?有哪些特点可以学习?哪些错误不要犯?

不管是熟人或是陌生人,谁都能成为我的说话学习对象。

例如我到一家餐厅去吃饭,我会观察服务生如何介绍自家的餐点。

有的服务生你一听就知道他们已经先充分地理解,也吃过了每一道菜,因此他们会抱着极大的热忱跟你解说餐点,让你仿佛置身于厨房,站在厨师身旁看着他做出一道菜的过程。甚至连食材的来源地,服务生也巨细靡遗地介绍,让你能联想到食物产地的风土以及这道菜会有多美味。

有的服务生则只是把员工训练时被教导的内容一字不漏背出来,菜也没吃过,你只要再多问一句,他们就会变得支支吾吾说不出个所以然。

通过服务生,这家餐厅的优劣,当下立判。

这就是对于自己的说话内容是否感到热忱的差别。

比方说去美国的餐厅吃饭都要付小费，有热忱的服务生就是会让你觉得：小费多给他一点吧，酒多开两瓶吧。甚至你会看到顾客离开前，会先去跟服务生握手，并且说："你让这一餐变得非常好吃。"

不只是服务，说话充满热忱的服务生，也扮演着如同主持人的角色，把餐厅的餐点成功介绍给宾客，宾主尽欢。

我遇到的每个人都是说话学习对象。这个人说话的目的是什么？说话的内容是什么？说话的态度是乐观且积极，还是悲观又退缩？说话时的情绪是难过还是开心？……我会判断，这个人的哪些特点我可以学起来，或是提醒我不要犯下跟这个人同样的错误。

只要我张开五感来聆听，每个人都值得我停下脚步。

在这些聆听他人的过程中，我发现有的人会无意识地填满说话空间，害怕停下来，话说个不停。

> "
> 给双方一个停顿的时间，不一定要解决对方的问题，陪他吃完这顿饭就可以。
> "

通常这样的人不想要思考，因为只要话一停下来，他就不得不面对自己，而这是他最害怕的事。这样的人通常会说：那个人如何如何，这食物好不好吃，电视新闻说了什么……把焦点都放在其他人事物上，却回避说自己。

如果彼此有一定程度的交情，这时候我会提醒他："如果你现在不想说话，你可以不说。休息一下，喝点或吃点东西吧。"

给双方一个停顿的时间，不一定要解决对方的问题，陪他吃完这顿饭就可以。

有的人则是说话会一直兜圈子，我可以察觉到他有事情想寻求帮助，此刻他的心中正不断呐喊："你怎么还不问我问题？你怎么还不问我问题？……"既然听懂了，那就开口问吧。

聆听带领我学习说话，也让我体验到各种生命历程。我从这些他人的情境反思人生，每个人都让我学到珍贵的一课。

第47堂 从相声中学说话技巧

〔记下来〕

反复练习让我得到了许多受用一辈子的说话技巧与表达的勇气。

〔练习看看〕

1. 练习说故事的起承转合与角色扮演。
2. 练习说故事前脑子里要先有画面。
3. 练习说话的节奏。
4. 练习表演的效果。
5. 练习说话"丢接球"的功力与魅力。

    从小我就爱说话。当我还是个小不点时,就喜欢听大人们讨论严肃的话题,也懂得察言观色。虽然年纪小小,却很爱装大人发表意见——也许除了发表"高见",我更享受的是大人们听我说话的感觉吧。

    我往往可以说得滔滔不绝、头头是道……爱说话,就等于会说话吗?这个问题的答案对当时的我来说,当然并不了解。

    跟同龄的孩子相较之下,我的伶牙俐齿被小学的班导注意到了。老师认为我适合去参加演讲比赛,于是,小学四年级那年,我被老师推上了演讲比赛的舞台。

    这是我第一次上台表演。

    演讲也是一种表演,这毋庸置疑。

    老师亲自为我写演讲稿,正式比赛前,我们排练再排练,讲稿和加强语气的手势我都记得滚瓜烂熟，老师对我相当有信心，认为我没有第一也有第二。

比赛那天，我把排练的成果彻底发挥，自认没出大错，我心想：达成老师的期待，一定没有问题的。

参赛同学一一完成演讲后，成绩即将揭晓。我和老师坐在台下，心里虽然忐忑，但对结果十分乐观。

谁料当评审老师公布获奖者时，我和老师的下巴惊讶得快掉到地上……

一个名次都没得！怎么可能！

我的表演近乎完美，不是吗？

老师也难以置信，她试着找出我演讲时的破绽，想来想去，得到一个结论——我说话有广东腔。

我说话有广东腔？我自认从小是说标准普通话长大的啊！

如果我说话有广东腔，老师你为什么要我去参加演讲比赛啊？

这个解释对我来说没有解答我心里的疑问，但的确让我对说话这件事多了一层思考。

> 人生第一次上台，得来的却是挫败，这给了我很大的震撼与打击。

原来，我是自以为会说话，而非真的会说话。

有了这层体悟，我必须想办法让我的普通话说得更"字正腔圆"，左思右想，何不来听相声？相声演员的普通话够字正腔圆了吧。

我掏出零用钱，立刻冲去唱片行买相声录音带。

吴兆南与魏龙豪老师的相声，还有表演工作坊的《那一夜，我们说相声》《这一夜，谁来说相声？》《又一夜，他们说相声》……小学四年级开始，每到睡前我就打开录音机，一遍又一遍听着相声大师们让人拍案叫绝的段子。

每卷录音带我都听过几十甚至几百遍，有的段子当年甚至倒背如流。在不断重复聆听中，我从相声中不只学到字正腔圆，还得到更多其他收获。

有哪些收获呢？

> 相声告诉我不一定要很会模仿，重要的是说故事前脑子里要先有画面。

相声教我说故事的起承转合与角色扮演的重要。

除了从相声中学到形容事物的技巧之外，在表演中，相声演员往往要扮演许多角色，如何恰如其分地让不同角色轮番上场，让每个角色看起来都栩栩如生，并且将故事说得引人入胜，这起承转合的拿捏最考验说话者的功力。

比方说那一夜里的李立群、金士杰，他们往往可以同时扮演男人、女人、老人、小孩等不同的口音。学习相声表演者如何模仿各个角色，补强了我说故事的技巧以及功力。

我会专注聆听相声表演者的说话方式，也就是说我会从他们的角度来看这个故事，这个故事会是何种光景，故事便呈现出另一种样貌。

相声告诉我不一定要很会模仿，重要的是说故事前脑子里要先有画面。

例如今天要以一个四川人或意大利人的角色说话，要在脑子里先想象那个人的样子：他的长相如何？他个子高还是矮？他是荷尔蒙爆发的人呢？还是个害羞的人呢？等等。

当你脑子里有画面时，你说话时的状态会变得很具象，当你把故事说得栩栩如生时，别人就会进入这个画面，这就是让别人专心听你说故事的一个很好的方法。

> 相声让我了解到说话节奏的重要性。

说笑话时节奏尤其重要。同样是一百字的笑话，从头到尾毫不停顿、平铺直叙地说完，听者不会觉得好笑。如果能适时在说话中铺陈长短语气，制造悬疑转折，勾住听者的好奇心，当笑点出来时，听者往往能哈哈大笑，这才是在"说"笑话。

相声让我体会到表演的效果。

高中时，我曾参加过不少相声比赛，我发现，同样的段子在不同身体状况下会有不同成绩。状况好时通过生动演绎，得奖如探囊取物；如果比赛当天正好拉肚子，只是有气无力照稿念完，奖项就会跟我说拜拜。同样的段子在不同的表达方式下，竟会有如此天差地别的效果。

相声培养了我说话"丢接球"的功力与魅力。

如何接对方的话？如何将笑点继续往上堆？一来一往中，将笑点堆到最高点，最后点燃引信，就能让全场气氛嗨爆。

在高中时我开始试着自己写段子，与同学组成相声二人组去参加比赛。从当时的台北县优胜，一路过关斩将，赢得了北区七县市优胜和最佳表演奖，还得到参加全台湾相声大赛的机会。

通过反复听相声，我得到许多受用一辈子的说话技巧，更得到表达的勇气。

从小我就知道，"把话说好"这件事很重要。不管是相声，还是之后会谈到的脱口秀，它们都能让人开怀，让人放松，给人留下深刻的记忆与余韵，有许多说话技巧在里面。它们是"语言的艺术"。

借由聆听这些语言艺术家的说话技巧，我拿到了把话说对、把话说好的入场门票！

第48堂 从脱口秀中学铺哏与幽默

〔记下来〕

我想要幽默地看待这个世界。

〔练习看看〕

1. 如何在日常生活中寻找笑点与亮点。
2. 看国外脱口秀节目,听腔调、语气起伏与节奏,顺带学英文。

从大学时代开始,我持续看脱口秀节目直到今天。

说话幽默的人,能让谈话的双方都开心。

我向来认为除了把话说对、把话说好,"说好的话"也非常重要,因为不管是谁都有"笑的渴求",比起让人愁眉苦脸,何不让自己成为快乐的启动者呢?

而喜欢讲道理的我,如果能用幽默的方式来说理,是否更能让对方听进去呢?

最重要的是:我想要幽默地看待这个世界。

"不管人生如何百孔千疮,只要还笑得出来,就走得下去。"

我一直深深相信这句话。

我寻找学习幽默的方法,而且不能让我觉得无趣,幸运的是,我找到了脱口秀这个老师，它是幽默的最佳学习入口。

观看脱口秀演员的表演不仅能学到说笑话与铺哏的技巧，还能让自己笑开怀，兼具学习与娱乐效果。此外，脱口秀不但是学说话的绝佳工具，也是进入世界的通道之一。

我会特别去看不同族裔的脱口秀演员表演，非洲裔、拉丁裔、印度裔……甚至看跑去中东做脱口秀的埃及演员。他们从生活中找题材来娱乐观众，而我从这些演员的表演中看到"文化冲突"，这也是我特别有兴趣的地方。

亚裔对西方世界来说也是外族，不是吗？身处西方社会的他们，就是我们的借镜。文化因为有不同，所以才会有冲突，理解冲突是理解差异的开始，但如果彼此都能互相理解，是不是冲突就有解决的契机了呢？

通过这些脱口秀演员，我能感受到不同国家的人们正在关注哪些事；原来备受争议的政治人物，可以用这些角度观看与解读；原来国与国、族裔与族裔之间的纷争是来自这些冲突点……从不同观看角度切入，就会有不同体会。

> **人与人之间的沟通，其实也是一种文化撞击啊！**

在体验脱口秀给予我的文化冲突的同时，我想到：人与人之间的沟通，其实也是一种文化撞击啊！

来自不同成长背景的我们，带着各自的经验用说话来沟通，就算使用的是相同的语言，也不一定能理解彼此。因此，当我们在认识一个人时，绝不是只有单一面向这么简单，每个人的背后都有许多故事。

很多脱口秀演员常用自身的惨痛遭遇来幽自己一默，破产、失恋、离婚、吸毒……但他们总能从中萃取出好玩的哏来让观众捧腹大笑，因此，脱口秀演员也教会我如何在日常生活中寻找到亮点甚至笑点，以及找到有共鸣的话题。

他们的嬉笑怒骂让我们发笑，但在笑完之后，往往能提醒我们反过来观看自己的人生。

在脱口秀节目中，你可以看到演员对自己扮演的角色都十分讲究，有的人不太讲脏字、老少皆宜，有的人爱开黄腔，有的人的风格就是刻薄。同样拿"川普"来铺哏，有的人会用他的性别歧视言论来调侃，有些人会针对移民这个议题来谈，有些人会拿他的形象问题来做文章，有些人会拿他的发型来作为笑点……每个演员的取向各有不同，我从中学到了不同角色的说话方式。

说到铺哏，有的演员会一开头就先铺哏，最后结尾时来个回马枪再把哏说破，令所有观众恍然大悟，心想：原来如此啊！

不只是耍嘴皮子，脱口秀演员就是自己的编剧与导演，这样的全能表演者，可以算是我的表演启蒙老师吧。

当然，看国外的脱口秀节目，还可以顺带学习英文。

我注重的是"听腔调"，听他们说话的语气起伏与节奏，以及听他们日常生活中的惯用语，他们用哪些字、哪些形容词来描述一件事，由此进入他们的语感里。

听脱口秀还有一大重点，就是听他们如何铺陈一段笑话。

说笑话其实就是在说故事，笑话里有主角、有配角、有情绪、有情节，我从聆听笑话中找到他们说故事中起承转合的方式。因此我认为，说笑话给别人听也是练习说话很好的方法之一。

> 不管人生如何百孔千疮，只要还笑得出来，就走得下去。

最开始我是看艾迪·墨菲（Eddie Murphy）这位喜剧演员的脱口秀，摒除他的性笑话，艾迪·墨菲是个超棒的表演者与说故事的人。他的脱口秀就像是在演一出独角戏，一个人分饰不同角色，笑点不断出现，就算是稀松平常的事，他也能说得很好笑。

后来我接触到更多脱口秀演员，比如印度裔的加拿大人罗素·彼得斯（Russell Dominic Peters）、腹语术脱口秀大师杰夫·邓罕（Jeff Dunham）、网飞（Netflix）的墨西哥裔脱口秀演员蓬松哥（Fluffy），以及美国新闻嘲讽节目《每日秀》（*The Daily Show*）的主持人崔佛·诺亚（Trevor Noah），他们各有特色，我都相当欣赏。

跟相声一样，脱口秀好笑的段子，我会一再地重复看，每次看都能得到不同层次的体会，用寓教于乐的方式练习说话，实在太好玩啦！

第49堂 多学一种语言

〔记下来〕

多学一种语言，能够帮助你多学会一种价值观，甚至能改变你对世界的看法。

不同的语言，对应着不同的逻辑与价值观，因此，光是学习另一种新的语言，眼界就会变得开阔。通过学习语言，你会知道，这个世界不是只有一种思考方式。

通常一种思考方式就是一种价值观，这个价值观，决定了你的人生会怎么做出选择，怎么说话，怎么过日常生活，甚至是到了国外的一个陌生路口向左走还是向右走，可能都与价值观有关。

很多时候，价值观或真相并不是只有一种，只是看你用哪种角度去看待它。当你能够用更多的角度去看待这个世界时，你的沟通就会变得更宽广。这是因为，你说话时不会再执着于一种观点。

在科学的领域里，真相可能只有一个，但人性可不是如此。例如我们在新闻报道中看到一个标题写着某某人在路上撞死人，大部分人可能会义愤填膺地说：太过分啦！可是那个肇事者，他心里可能有许多纠葛，或许他是为了闪避另外两个人，所以才意外撞上了这个人，由此看来，真相不只存在于表面的事故。五分钟或五百字的报道怎能涵盖一个人的人生？

而多学一种语言，能够帮助你多了解一种价值观，甚至能改变你对世界的看法。我想用近来我特别喜爱的脱口秀演员崔佛·诺亚来说明，从他的表演中，我学到了如何看待人生的智慧。

南非裔的崔佛是混血儿，母亲是南非黑人、父亲是瑞士白人的他，由于不黑不白的肤色，从小备受歧视，甚至由于种族隔离制度，他与父亲不能住在一起，他甚至不能跟他的母亲一起走在路上。但他的母亲，教会他用另一种角度看世界。

崔佛以他的南非口音与看待美国问题的独特视角走红，自2016年起成为最受欢迎的新闻嘲讽节目《每日秀》的主持人。

在《每日秀》中，崔佛以幽默的方式与观众分享他初到美国时所受到的文化冲突与种族歧视，他在网飞有个名为《派翠莎是我老妈》（*Son of Patricia*）的特集中说道，在美国绝不能说出比 F 开头的字眼还可怕的 nigger（黑鬼），可是这个禁忌的发音在南非语中是"归还（sent it back）"的意思。因此崔佛在美国被骂黑鬼时，他一点也不觉得受伤，反而会想起在南非时的童年回忆，比方说当他和弟弟争夺玩具时，他的母亲派翠莎会先用英文训斥他，如果还是讲不通，他母亲就会大吼"黑鬼！"，叫他把玩具还给弟弟。

他用新的角度去看待原本是意欲伤害自己的字句，用不同的语言文化诠释之后，就不需要背负那个字原本所带来的负担。

崔佛在《派翠莎是我老妈》中说，他的母亲教会了他面对人生困境的方法。

> **通常一种思考方式就是一种价值观，这个价值观，决定了你的人生怎么做出选择，怎么说话，怎么过日常生活。**

崔佛记得小时候他与母亲走在南非街头时，会有人怒骂他："你这混血儿杂种！"并且用一些难听的字眼问候他们。

他问母亲："你为什么都不生气？他们这么过分！"

他母亲说："儿子，你知道我是怎么做的吗？当别人用脏话问候我时，我先把它们收过来（请想象崔佛此时双手如吸星大法般吸取对方功力），将它们与耶稣的爱融合之后（再想象他用双手揉面团的动作），再'归还'给那些怒骂我的人（这时想象崔佛双手如使出龟派气功般向外发功）！"

当崔佛做出如乾坤大挪移般借力使力的表演之后，全场大笑。而幽默的背后，他其实在告诉观众——你不必以牙还牙，而是可以以爱看待伤害。

他又说有一次他在美国不小心闯红灯，被一位白人驾驶员大骂："嘿，你这个黑鬼！（Hey, you nigger！）"此时他想起母亲的话：与耶稣的爱融合之后，再"归还"给那些人。于是他也回话："嘿，你这个黑鬼！"但是是笑着说的。

那个从没经历过这种事的白人，当场吓得不敢再多说半句话，赶紧看看自己的双手是否肤色变黑了！

多学一种语言，就是多学会一种文化以及表达与沟通方式。崔佛以幽默的方式印证了这一观点，充满爱与真诚。

第50堂 面对内心的恐惧，走上改变之路

〔记下来〕

说话与沟通可以疗愈自己、改变人生。

现在看起来好像有点找到自信的我，在说话这件事上也不是一帆风顺。

拍摄纪录片《明天之前》时，我全程用英文采访，事实上，有很长一段时间，我对于开口说英文是恐惧的。

时间要往回推到我高中三年级时。当时的英文老师觉得我的英文还不错，高二时去参加相声比赛也表现优异，于是便推荐我去参加英文演讲比赛。

比赛有两种题目：指定题与抽选题。指定题我可以事先做准备，抽选题就得看临场反应了。

我还记得那次演讲比赛的指定题是"海湾战争"，我去学了一堆与战争有关的名词、地名，讲稿我准备得洋洋洒洒，在比赛时说得字正腔圆。演说结束之后，英文老师觉得我说得实在太棒了，这次

一定会赢!

接下来到了抽选题这一关。每个选手抽到题目后,现场只有十到十五分钟的准备时间,就要上台做五分钟的演讲。

那个时候,不知道为什么我突然害怕起来,讲不到两分钟我就走下台。看着我走下台的英文老师,瞪大眼睛张大嘴,一副难以置信的样子。

虽然老师安慰我说没关系,但我觉得自己的表现真是烂透了!

而这个挫折,我居然花了二十几年的时间才渐渐走出来。

演讲比赛之后,说英文时我会变得紧张,看到外国人时更紧张。我觉得我英文最好的状态停留在高三英文演讲比赛前,接下来再也没有进步。

虽然后来为了留学,托福考试也通过了,但是在口说这件事上,我一直有阴影存在。

直到 2016 年我做了一部"探索频道"(Discovery)的纪录片,才重新去正视英文。我跟一位英国的户外探险家主持真人秀,他带着英国与美国的团队跟我一起在中国与美国出外景。

做这个节目时,我忽然发现我的英文不够用,而且与外国人沟通时的紧张感又出现了,于是在 2017 年时,我毅然决然找了一位英文老师,重拾英文学习。

当时我有两个想法:一是我先学好英文做好预备,也许将来用得上。二是在 2016 年底,我在美国买了一本《时代》(*Time*)杂志,杂志的封面故事是脱口秀如何影响了美国的选举，我对脱口秀非常有兴趣，但那篇文章我就算把每个字都查完，还是看不懂，我希望老师能帮助我看懂这篇文章。

因此我开始了一个星期找英文老师上一天课的日子，直到纪录片《明天之前》这份工作找上门来。

如果不是上了一年多的英文课，我还真没有勇气接《明天之前》这个全英文的访问工作。还记得第一次出发拍摄的前一个星期，我跟英文老师说："我压力好大。"说着说着，我掉下了眼泪。

英文老师一直觉得我是个非常乐观、非常勇于表达的人，看到我哭泣她慌了，不知道该如何安慰我。

尽情哭完之后我去洗手间洗个脸，一个念头突然跑到我脑海里：我对英文的恐惧，原来是从高三参加英文比赛，在一种很羞愧的状态下离开演讲台，就一直存在那里。而我现在必须面对这个恐惧。

> 下一个念头是：如果我把纪录片拍完，走完这趟旅程，我就再也不是当年那个在演讲台上不知所措的小女生了。

如今我已拍完《明天之前》，也确确实实跟那个当年不知所措的我告别了。我做好了准备，人生也给了做好准备的我一次蜕变的机会，以及一趟弥足珍贵的历练。

在拍摄过程中，一位墨西哥的制片人不时提醒我，他说：

"宝仪，那些你想把英文说好、想要做出很棒的访谈的压力，其实都想太多了。你应该做一个什么都不懂的人，因为不懂，所以向别人发问，请对方告诉你该怎么做，这就是最好的沟通。"

如果只是想着"设计"别人说出自己想听的话，别人未必领情，如果用"我不懂，请你告诉我"的姿态，对方反而愿意倾囊相授。

一切先把自己放下，才能获得更多。

> 我做好了准备，人生也给了
> 做好准备的我一次蜕变的机会，
> 以及一趟弥足珍贵的历练。

从读书、开始用好玩的方式跟人沟通，直到后来我让说话成为我的职业。关于说话，这一路走来，我有太多太多的回忆与收获。

对我来说，说话是我疗愈自己的方式之一。这些回忆、收获与疗愈的过程，经过二十多年的琢磨之后，现在我将它们交到你的手上。

说话与沟通可以疗愈自己、改变人生。

我相信说话与沟通也能带给你这些转变，引领你获得只属于自己的珍贵体验。

认识自己的奇幻旅程

/第一位练习者感言・大田出版编辑陈映璇/

如果我在人群中被分类，绝对是属于"安静"那个区块。

在他人眼中，我或许没有颜色，淡淡地浮在他们生活之中。

在团体里，我很少表达自己，总是听别人说话。我非常习惯这个状态，总是觉得自己的想法，其实也没什么大不了的，于是更少表达。

原本，对于这样的自己，我一点也不在意，总觉得我的个性就是如此，安安静静。

直到我遇见曾宝仪。

阅读这本书心中有股强烈的兴奋，还记得那天我坐在咖啡店二楼，天空下着毛毛雨，我从窗口向下看，看着正在过马路的人，看着撑伞的少年，看着蹬上脚踏车的伯伯，脑中只有一个强烈的想法："我好想跟人说说话，好想认识更多人……"

多人……"

　　掩不住兴奋，我离开咖啡店，在雨中走了长长的路。路途中，开始回顾过去的自己，检视现在的我，思考着："为什么这本书，会带给我如此强烈的渴望？我渴望什么？"

　　我想，我是渴望能被人理解（或许每个人都是），渴望与人交流。所以看见曾宝仪在主持、采访现场，与观众、受访者沟通的过程中，他们因为相互理解而产生感动、愉悦，我无比向往，在心中呐喊："这种感动正是我生活中所缺乏的！"

　　在雨中散步的时候，曾宝仪有两句话旋绕在我脑海中：

　　学习说话的第一步，是认识自己。

　　察觉自己的情绪，是了解自己很好的起点。

　　挥之不去，这两句话紧紧跟着我……接下来的日子里，我踏上了奇幻旅程。

　　日常生活里的细节，都成为我的说话练习题，世界开始放大。

　　吃饭的时候问自己，这一碗干面好吃吗？这家店的白饭，跟另一家店的白饭吃起来有没有不一样？要怎么形容鲑鱼生鱼片与鲔鱼生鱼片的差异？

　　走路的时候问自己：平常走路的时候，都在想些什么？离开车站的瞬间，为什么总是感到舒畅？原来我走路会后脚跟先着地，肩膀会耸起来……

　　进公司前，问自己："今天的街道看起来如何？"

推开咖啡店的大门,问自己:"这家店的装潢给我什么感觉?"
跟小狗玩,问自己:"现在我脸上是什么表情呢?"
睡前合上双眼,问自己:"闭上眼睛后,我看到了什么?"
曾宝仪所说的"闪光点"正散落在每个角落,生活总是在闪闪发亮,像魔法一般。到了这时候我才发现,原来小小的房间,其实很大,门外的世界,开阔得令我无法想象。

到了这里,我的旅程还没有结束,下一步,从母亲开始。

一天晚上,妈妈在电话另一头跟我说:"我觉得我们的心越离越远了。"

我顿时不知所措,她语气充满悲伤,我完全不知道如何回复。过去的我,或许会轻声安慰她,跟她说"我会多回家陪陪你",然后挂上电话吧。

其实我一直都知道,妈妈不只要我多陪她,她正在跟我说她的孤单、她的无助,我只是在不断逃避面对这个问题。

这次我知道自己不能再挂上电话,假装一切都没发生。

接着,我开始跟妈妈表白,我说:"妈妈,你大概觉得你越来越不了解自己的孩子了……这是我的问题,我是一个不敢表达心情的人,我总是跟你说我每天都过得很好,其实生活中有很多难过与困惑,每天其实有很多情绪可以跟你分享,而我总是会觉得你不想听……"

我说完之后,电话两端都沉默了。

听?"是啊,我不知道别人会不会想听,只是我习惯了,以为自己说的话没有人要听,所以"不说"成了我的表达方式。

在挂上电话前,我感受到妈妈的口气变温柔了,她说:"都不知道,原来我的女儿是这样的个性。"而我回答:"对呀,这样的个性,我也是跟你讲完后才发现呢!"

这趟奇幻旅程,从与妈妈对话过后,又开启了新的一章。原来我真的可以在沟通中发现自我——跟曾宝仪说的一模一样。

这本书像是奇幻旅程的指南针,告诉我任务方向、破解方法。在旅途中,我发现"说话练习"不只是练习说话,更是练习"了解自己",诚实接受自己的个性,并且愉快地表达出来。

现在,我的旅程仍在继续,或许没有结束的一天。我会每天练习说话,练习生活,练习用沟通去爱这个世界。

后 记

世界上最好玩的地方
——在自己的心里

这是一本还没写完的书。

截稿后,每一天,我都能遇到在沟通上值得分享的事想要加在书里。

每一天,我都还在学习。

一直到三月底的时候,我看到一篇文章,介绍一位日本的佛学大师——松原泰道,他曾经写过一本书叫《学习死亡》。他说:"死亡像不停行走的钟,每一秒都存在,也许这是一本写不完的书,但写不完又有什么关系呢?人生总是半途终结的。我们每天只需尽力做好能做的事,力所不及的事,就交给苍天吧。"

于是我放下了,决定把学习了四十六年的自己交到你们手上,希望看着一路上跌跌撞撞仍乐此不疲的我,能给你们一些鼓励与启发。

我很喜欢人,年纪越大,越是能在沟通与观察的过程中,体会与欣赏每个独一无二的个体散发出来的光芒，不同的信念与价值观交织出不同的命运与人生路径，这是生而为人活在这个世上的一份礼物。我像个身处在游乐园的孩子，享受着各种相遇带给我的体悟与惊喜。

谢谢小燕姐，谢谢您让我找到我可以做一辈子的工作，谢谢您多年来如师如母的教导。年轻的时候我常想，要是我能有您一半功力就好了，渐渐我明白，如同您之于演艺圈是 the one and the only one（独一无二的），我也应该努力地成为自己才对！希望这本书无负于您一直以来的指导，没给师傅丢脸啊！

谢谢林怀民老师，德高望重如您，常常像个孩子似的，愿意与我这个小辈分享生活与美，而且总是不吝给我机会、给我鼓励。在您身边的时候，我常常会涌起何德何能的感觉。谢谢您在百忙之中带着我的书稿出国工作，只为了能在书里给我肯定。

没有跟您分享过的是，我想找您帮我写序的一个隐藏版原因。

那是第一次，我站上池上田里的舞台，为云门主持时，我被我自己开口说的第一句话震惊了——我没有听过自己的声音这么好听地从音响里传送出来。

主持常常是不被活动方重视的一个环节，如果是演唱活动，歌手与乐手能从耳机里听到自己的声音和演奏，舞台上声音的反送则常常被忽略，更不用说其他一般的活动，观众席的音效总是比台上的更被看重。因为是云门，除了观众以外，台上舞者听到的音乐质感也很重要，于是我这个主持人得以雨露均沾地得到难得的体验。

第一次，在一个户外开阔的场合，我能温柔温暖地说我的开场白，也得到了一个重新认识自己声音的机会。谢谢您，也谢谢云门。

谢谢培园，谢谢你这么多年来（算得上是大半辈子了吧）坚持挖掘我脑子里奇怪的想法，不离不弃地催促我写作。你知道的，没有你根本不会有这本书。

谢谢晓玲，谢谢你的聆听与整理，谢谢你把我用热情说出来的话，如实地用温暖的文字呈现。谢谢凤仪，谢谢你辛苦地对稿、分类、摘文，让读者可以用最快速清楚的方法，吸收我的分享。这是我们一起用心完成的作品，希望我们的心意大家都收到了。

谢谢舒皮，早在第一次看到你的创作时，我就知道有一天我们一定会合作的，把我的脸交给你，我很放心啊！

谢谢方姐这位没有出现在书里的藏镜人，谢谢你不管是在灵性之旅还是座谈会时，总是不吝给我鼓励，邀请我去你的 EMBA 班上演讲，还用心地把内容整理成大纲。那些大纲就是这本书的原型，谢谢你帮助我找到人生的新方向。

谢谢映璇，虽然我们素未谋面，但是在出版前能得到你的肯定，读到你实际操作的感想，我真的又振奋、又感动、又开心。你是老天爷在这个时候派来给我的天使，我是这么相信着的！

谢谢我的家人，谢谢你们不管我在外面做得好或不好，永远用毒舌磨炼我的意志力，提醒我我是谁。能跟你们成为家人是我一生中最幸福的事。

谢谢我们家那位，你永远是我身边最严厉也最宽容的目光。抱歉把低调的你写在书里，那些再真实不过的成长弥足珍贵。亲密关系真的是人生中甜蜜又复杂的课题，谢谢你在茫茫人海中找到了我，谢谢你帮助我一步一步地找到我自己也让我做自己，你的存在与陪伴是我生命中最好的礼物。

谢谢我的经纪人可妍与阿牛，我知道照顾我是件不容易的事，谢谢你们让我在这个喧扰的工作圈还能保有自己的样子。

谢谢曾经在我人生中长时间或短暂相遇的同学、同事、朋友，甚至是一期一会的受访者与采访者。谢谢你们给我功课，给我支持，给我照见自己的机会，让我成为现在的我。

谢谢曾经与我相遇的美食、美景、日出日落、大树、植物与动物，谢谢你们曾经带来的疗愈与能量，还有那些值得感恩的巧合与奇遇。我相信，我是深深被爱着的。

我还想谢谢我自己。过了四十岁，才逐渐明白，地球上最好玩的地方，不在哪个很难去到的旅游景点，而是在自己心里。今年生日，我给自己许下一个宏大的愿望：

我要无所畏惧地、自由地活着！

我知道这个野心有点大，但我愿意每一天都与它同在。谢谢我自己拥有探索世界与探索自己的意愿与勇气，谢谢我那独一无二无可取代的精彩人生。

曾经在主持一个身心灵活动时，主讲者突然转过头来问我说：宝仪，什么是讯息？我被这突如其来的考题弄慌了手脚，胡乱地说了一些我曾经在书里看到的答案，以为这样就可以蒙混过关。主讲者说：不是。我们来静心吧！静心的过程中，我一面懊恼刚刚的表现不好，一面也提醒自己，不如就静下心想，到底什么是讯息？静心结束，主讲者又再问我一次：宝仪，什么是讯息？我心里有个答案但吞吞吐吐、支支吾吾不好意思说出来。后来我鼓起勇气，我说：我就是讯息！

我就是讯息，我努力活出的生命就是我带给这个世界的讯息！

你也是讯息，希望我们带给这个世界的都是充满爱与能量的讯息。

最后谢谢愿意看到这里的每一个你。我相信每一句说出来的话、每一个决定都是对宇宙的表态。希望这本小小的书能给你们带去一点鼓励，也希望你们能开展无畏无惧没有后悔的人生！